父子如兄弟

易小时披沥古迹沧桑之杭州八卦田

易小时披沥古树沧桑

爷爷与易可以易小时姐弟

奶奶与易可以易小时姐弟

外公外婆与易小时

姐弟情深

母子情深

父子俩一起读书成长

一家三口观徐悲鸿画展

# 亲子哲学

## 成就更好的孩子和爸爸

易柯明 / 著

人民东方出版传媒
东方出版社

**图书在版编目（CIP）数据**

亲子哲学 / 易柯明著. —北京：东方出版社，2021.4
ISBN 978-7-5207-2045-8

Ⅰ.①亲… Ⅱ.①易… Ⅲ.①家庭教育 Ⅳ.①G78

中国版本图书馆CIP数据核字（2021）第002384号

## 亲子哲学
（QINZI ZHEXUE）

| | |
|---|---|
| 作　　者： | 易柯明 |
| 策划编辑： | 姚　恋 |
| 责任编辑： | 张洪雪 |
| 出　　版： | 東方出版社 |
| 发　　行： | 人民东方出版传媒有限公司 |
| 地　　址： | 北京市朝阳区西坝河北里51号 |
| 邮政编码： | 100028 |
| 印　　刷： | 北京市大兴县新魏印刷厂 |
| 版　　次： | 2021年4月第1版 |
| 印　　次： | 2021年4月北京第1次印刷 |
| 开　　本： | 710毫米×1000毫米　1/16 |
| 印　　张： | 15.5 |
| 字　　数： | 175千字 |
| 书　　号： | ISBN 978-7-5207-2045-8 |
| 定　　价： | 52.80元 |
| 发行电话： | （010）85924663　85924644　85924641 |

版权所有，违者必究

如有印装质量问题，请拨打电话：（010）85924725

# 前言　亲子八条

## ▌命运

感恩先辈垂注、上苍眷顾，给我和妻子佘璐送来了孩子易小时。易小时其实是这本《亲子哲学》的作者之一，尽管他今天才满五岁。他不仅是这本书的主人公，而且是本书试图深化、升华的文化人类学的灵感源、尖尖角，甚至主人翁。依照文化人类学的哲学本质，全人类人人都是主人翁，我想通过写好"这一个"真实的主人公、主人翁，去展现作为人的各种命运设想及其可能。

## ▌幸福代

《亲子哲学》是我一半的终身创作体系"易柯明在"中的第三卷（第一卷《巧舌如芒》、第二卷《社会透视》。另一半的终身创作体系，即"独步遐想"。"独步遐想"计划出版九卷，是小步快跑、小幅连缀；"易柯明在"也计划出版九卷，是大步流星、大幅进逼）。部分篇章的初稿，曾于2016年在《今日女报》以"爱这一小时"专栏形式节选发布；大量篇章及新版内容"系第一次公开发表"。

为什么终身创作体系要弄两个？就因为活下来不容易、活一回太甘贵，必须向往生命的最高意义。

人生百年，可以选择沉寂于微澜之间、青萍之末，也可以选择一点浩然气、千里快哉风。我笃信后者，站在自己习惯了的思想文化意义上，从社会发展和人类递进大局看，当代已经到了哪一步呢？如我的"朋友"陶胜军所说的，"我们是幸福代的开始"！

## ▎好念的经

以"命运"敲门，拿"幸福代"登门，门里面会是什么呢？

是亲子故事、经历、亲历，所创生的"新的行为艺术"；

是亲子体验、体会、经验，所焕发的"新的幸福哲理"；

是"代际自更新"的一篇篇亲子哲学。我将"家家有本难念的经"反其意而用之，通篇写满带孩子、谋人性的"好念的经"。

这里先抽提八条"好念的经"，简称"亲子八条"，提纲挈领，导读往深——

（1）做身体力行的父母

亲子教育"好念的经"第一条，是做身体力行的父母，因为孩子总在看着爸妈、学着爸妈，进行模仿是他（她）创变的基础。我们做父母的，意识到了吗？爸爸爱伏案读书、写文章，这一习惯对孩子的潜移默化，深了去了。易小时四岁开始，就喜欢自己看书，不要大人诱导，经常手不释卷，时不时主动设问发问，从小就有思辨气质。坦率地说，我易柯明一点儿不反对"望子成龙"的理念，就看怎么个愿望法——栽培但不拔揠，善求而不强求，有什么不对和不好？我希望易小时长大后成长为他所在时代的最好的思想家，这是最有品的人生定位了，可以始终超脱地冲到最前头。

（2）最好的教益、教材、教法永远就在触手可及的身旁

"好念的经"第二条，该是随时随地的父爱母爱，随行于随身之教。两岁开始，易小时下电梯、漫步、逛街、进店子，见一个招贴，就认字、说意思，碰一个见闻，就讲解、理解，轻轻松松玩走、学习、互动、闹腾。到四岁，合起来，就可以自己阅读并理解了；还常一个人摆弄物什，心中鼓捣默念，有了充分自我构思的小宇宙。我最高兴于，孩子很早就有了自己的思辨，这是一个预存后效的素养存折。

（3）做赤诚的爸爸妈妈

一次我问小时妈妈佘璐："我们家庭的安稳，小时起的作用大吗？一般认为孩子是维系父母感情的纽带。"佘璐说："我之所以认你做老公，是因为你有一股赤诚。'赤诚'这个词，你用得上，真的用得上。一个赤诚的人，什么都兜住了。所以不单纯有小时的元素，不单纯的感情问题。"佘璐这席话，无意中说出了亲子思维的诀窍，就是"赤诚"，以赤子之心，亲子无怠，时时处处通透精辟、有谱有戏。道理很简单：一方面，小孩子是纯净的，爸妈是大人，只剩下"赤诚"这一种成人性，得以对应孩子的纯净，让他可持续地身心健康直至成人礼，纯净转化为赤诚，童心一生保鲜；另一方面，赤诚是成年人终身可贵的品质，以诚待人，纯而又纯，幸福立等可取，人生最划得来。

亲子智慧，亦从赤诚中来；没有赤诚，本书也不会有；本书第

二层看点，赤诚的亲子哲思。孩子从出生到长大，理应是综合全人类优良人性、优化于自身的完整过程。整部《亲子哲学》，也只有写到这一步才收得住。

（4）亲子等于生命的延长

没有孩子、不带孩子之前，我对生命总体上是感到茫然的，不知何时戛止。现在不一样了，我总是觉得生命过了一半，人生却因此越过越长。三十岁时，觉得自己是六十岁过了一半；四十岁时，觉得自己是八十岁过了一半……如此下去，中间点的切割，永远没有止境，自感长寿。

我只想与妻子、孩子久久同在。我有一句很多朋友都熟悉的话："一起活到2100年，争取活到2110年"。这股豪迈，固然有着自我长寿的预祝和自信，我悄悄算了一笔时间账：公元2100年，易小时86岁而已，2110年，也还不到百岁，他在，等于他爸还活着。

（5）每个人既是神话，更是童话，亲子时尤甚

我写《亲子哲学》，发现不仅易小时是个孩子，我妻子和我自己也是孩子，甚至家里的老人也都返老还童。也许每个人终其一生都是个孩子。每个人既是神话，更是童话。故而，我想通过本书铸成一个有效理念，希望每个活着的人，都有一颗烂漫心……烂漫心是赤诚心的轻快延伸。

（6）与孩子共同完成一个平行的新世界、爆炸的新宇宙

带孩子的过程，是你创意创新的过程，是你自己解放身心的过程。带孩子，重要的不是给他灌输什么。什么多认识多少字啊，多背多少诗啊，多算几个数啊，这些东西真的只是一般性的技能。重

要的是在心灵的沟通上逐渐达至默契。达至默契让他喜欢一些好的东西，让他开始喜欢某种存在的文化方式。实际上，小孩子别看咧，他虽然很小，但是他有他的文化存在方式。等你找到小孩子的文化存在方式的时候，你就明白了，孩子是跟你平行的另外一个新世界，完全不是你可以去居高临下的，是你要去平读、研习、钻探，最后共同完成一个爆炸的新宇宙啊。

（7）小朋友已经是创享者

易小时激发了我关于本书的全部创作激情和才气，以及诸多案例与哲思。没有小时的出世，就没有本书的问世。

前面说过这个意思，重复一下，重复就是特别强调：这本《亲子哲学》的作者，其实包括易小时，虽然他才五岁。小朋友已经是创造者和享用者。

天下人家，遍地孩儿，莫不如此。

（8）父爱深沉，永恒高尚

《亲子哲学》出版三十年后，会否续写《小时不惑》？这个悬疑真是太刺激了。不存在言之过早，心动可以一瞬，心动也可以一生。

我于哲思中预感，本书不可能不精彩，但也无法完美，亲子是没完没了的幸福体验，金色童年之后的少年小时、青年小时，父亲我又会怎样寄望、互动、互懂？应该在易小时四十不惑的那年头，我会写给他另一本书，既呼应他人生上半场才几岁就获得的《亲子哲学》，又帮助他开启人生下半场的长远不惑。

尽管一些科学家及传媒在预言"永生"或"长生"似将成为人类可能，我也认为，人类整体进化到几乎再无自然死亡或早衰死亡

（社会性杀戮依然除外）的"永生人社会"或"长生人社会"并非遥不可及，但最快也要到我的孙子辈，估计易小时和他的同代人还得经历上下五千年无一例外的生老病死悲欢曲调。那么，把《亲子哲学》《小时不惑》先后留给他，就是我能尽的最强大的父爱之责了。我自诩"父爱深沉"，这两本书，以及孩子母亲璐璐的照例题签，合在一起，就是留给易小时最重要的精神财富传家宝了。

父爱深沉，永恒高尚。

易柯明

2019年8月4日星期日，于长沙归心苑

# 目录
CONTENTS

**第1篇 / 001**
起名逻辑,我儿名叫"易小时"
姓名的美感、好感,是人生第一魅力。爱自己的孩子,从取个好念、好听、好写、好记、好传播、好说事儿的名字开始。

**第2篇 / 005**
珍惜"午爱"一小时
最要紧的亲子方式是陪伴,最紧要的陪伴方法是细化。

**第3篇 / 009**
顺产?剖腹?
我不能因为璐璐是顺产,就宣扬"请中国妇女多多选择顺产",只能请姐妹们因人而异、自我确证、面朝大海、春暖花开。

**第4篇 / 011**
孩子他妈"一号嘉奖令"
电影《叶问》台词:不是怕老婆,而是尊重老婆。《亲子哲学》说:不是讨好老婆,是让家里流淌爱。

**第 5 篇 / 013**

儿子满月时的"父省篇"

儿子,四十年后,观父在你满月时的这番感言,作何感想?

**第 6 篇 / 016**

长孩子见识,"一日游"走起

孩子的长见识,从哪儿开始,我谋定而动:带孩子递进"一日游"。

**第 7 篇 / 020**

在爸爸爱妈妈的地方,被爸爸妈妈爱

孩子的第四次"长沙一日游",选择走九年前爸爸爱妈妈的地方——湖南宁乡香山冲。在这里,又让孩子被爸爸妈妈爱。

**第 8 篇 / 022**

如何选择保姆

母爱无价,姆爱也无价。给孩子找对了保姆,不亚于找着了另一位母亲。我理解了鲁迅先生和他的"长妈妈"。

**第 9 篇 / 024**

孩子打针时的考虑

孩子打针哭闹之际,我想了很多,竟得出了对易小时初期培养的指导思想。

**第 10 篇 / 027**

性别是平的

生男生女都一样,落实到"情操"层面,才有着最后最优的"都一样"意义。

**第 11 篇** / 030　**生活事物都是玩具**
基本不另花钱的"玩具",构成了我陪孩子玩的"另一半玩具世界"。

**第 12 篇** / 033　**一个幼童的音乐之声**
为什么我早早地就给一岁多的娃儿听艺术歌曲及系统经典声音艺术?

**第 13 篇** / 042　**小时画画**
绘画、弹琴两件事,同一虑:浅不可代深,专不可代综。
我们依然没有给小时请专业的画家老师,但是让小时做起了自己的老师,让连环画思维做起了小时的老师。

**第 14 篇** / 047　**小孩子的自辨能力**
小孩子自辨的第一眼,是影像自讶的第一眼;小孩子自知的第一心,是影像自辨的第一心;他在悄悄问自己——这是谁?这是我?我是谁?

**第 15 篇** / 050　**绞尽脑汁的童年礼物**
送礼有境界之分,礼物有情义乃或智慧之别,对初涉人世的孩子尤是。

**第 16 篇** / 054　**怎么训练幼童说话**
加煎娃的口舌,加速娃的口才。一旦孩子开口,一个充满欢乐的崭新世界开张了。

**第 17 篇 / 059**

姐弟情深，始自童贞

有些父母对是否生第二胎的犹豫，似乎受制于老大"兄弟阋于墙"的情绪。如何建构人性之初的哲学认知？如何破解孩子早期的醋私之心？

**第 18 篇 / 065**

易小时的《爸爸说》

与湖南电台主持人吴浩、慧琛围绕网红读物《爸爸说》"策"出一堆文化人类学。

**第 19 篇 / 068**

从幼儿阅读到终身阅读

这应该是最完整的人生读书方法建议。

**第 20 篇 / 073**

喜剧的诞生

这或将是你看过的最深刻又最幽默的文章之一，从亲子角度，以深沉的探寻，揭示了最本质化的人性关系。

**第 21 篇 / 079**

孩子的理想

对孩子的培养，最重要的是让他善待人生的每一条路，认清每条路上的最美风景及自我造型。

**第 22 篇 / 083**

三个母亲的母亲节

堪比朱自清名篇《背影》。属能收进中学教科书的作品，足可影响一代代人。

## 第 23 篇 / 088

**两周岁之最——大数据的亲子情**

给两岁孩子创意写就的、相当独特的生日留念文章。

## 第 24 篇 / 095

**培养孩子动手动脑的习惯**

孩子在自己玩的时候，就是自己使劲琢磨着的时候，非常有利于智力开发和自立培养。

## 第 25 篇 / 099

**成绩与成功**

从幼儿视角看高考，又从高考视角看幼儿。

## 第 26 篇 / 103

**小朋友可以讲道理——如何看待早慧**

也许这才是真正正确的"神童意识"。

## 第 27 篇 / 108

**教子有方与父母分工**

幼教阶段，父母亲应该作出职责侧重或专业分工吗？

## 第 28 篇 / 112

**如何对待早教老师的建议**

我对小时的爱，是宠得过头，是恰到好处，还是爱犹不及？早教老师"喀喀"对此见解不凡。

**第 29 篇 / 117**

化用蒙氏育儿观

掌悉蒙特梭利育儿观,于家庭幼教事半功倍。以不屏蔽亦不盲从的思路,抽提出十个关键词,一举获其精华。

**第 30 篇 / 122**

地球仪前讲家与国

地球仪一定是最有益、最见效的幼教用品之一。

**第 31 篇 / 125**

爸爸请喝茶——敬爱父亲

一位读者说:"这篇茶道文章是我见过最精彩的走笔,如香茗化人!"

**第 32 篇 / 128**

开始"十万个为什么"

从经典少儿读物《十万个为什么》,到自行提问无数个"为什么",小时练成了一种强个性思维能力:连珠炮般的发问。本文,同时是一篇哲学杰作。

**第 33 篇 / 135**

把孩子培养成怎样的"追星族"

正为孩子着魔追星烦恼着的家长们,此文将是"大旱之甘霖"。

**第 34 篇 / 139**

怎么让孩子读四大名著

易小时对中国古典四大名著的熟稔度,由高到低正好就是四本书的传统排序:三国、水浒、西游、红楼。这对他的思辨能力开发起了决定性作用。而本文的质量,足称"四大名著的最经典评述",不仅超过了老易自己 2000 年处女作《穿越历史》中的《四大名著》一文,也应该绝不亚于高校与书林的数十种《中国文学史》的"四大名著"文论部分,真是太值得阅读!

## 第 35 篇 / 145

**"三头六臂"教孩子**

早教老师喀喀、家教妈咪璐璐、幼教爹地柯柯,三种差异化的教育理念,一齐施加在小时身心,求同存异、相得益彰地合成了"三头六臂"。

## 第 36 篇 / 148

**童星之路能否通往艺术家的终站**

科学回答了"父母把孩子培养成童星的想法可取吗"的纷扰题。

## 第 37 篇 / 153

**带小孩子过洋节纯属凑热闹**

中国父母带孩子一起过圣诞节等洋节,恰不恰当?

## 第 38 篇 / 156

**自主研发肢体互动游戏**

也许适用于"穷人经济学"的教子办法,不花一分钱,就做足亲子互动。

## 第 39 篇 / 159

**怎么处理孩子打架问题**

孩子在幼儿园里打架,爸爸妈妈该怎么办?

## 第 40 篇 / 161

**天真知足牵系家庭幸福**

夫妻之间一次极简主义的亲子对话。

## 第 41 篇 / 163

写给五岁的小时

儿子小时的五岁生日,母亲璐璐会写下怎样的生日感言?本文可算佘璐的亲子哲学之定见。

## 第 42 篇 / 165

来自爷爷的第一教诲

小时爷爷为小时爸爸写下的家训,足以成为易小时及更多人的人生教诲。

## 附录一 / 167

题扉五绝

## 附录二 / 173

小时爸妈的情书

## 附录三 / 179

人生必读的三十本书

## 后记 / 195

为父当为思想家

# 第1篇

## 起名逻辑，我儿名叫"易小时"

我给儿子取名"易小时"（谐音"一小时"），很多人乍一听不相信，以为是玩笑，等转念想过来，都觉得这个名字好！生活随之精彩！

易小时是2014年5月出生的，自那时起，好名字给他带来的福利和福分就不浅。每次到医院给孩子打疫苗，或看病什么的，交费处只要报名字，就能听见里面的阿姨说："哈，易小时！你是易小时他爸吧，这名字可真特别、真可爱！"看病的医生、打针的护士，一见"易小时"这个名字，再板的脸都亲切起来，再急的脾气都和气起来。到派出所办理孩子的身份证，那位女警员也柔和起来，乐乐呵呵：真的是这个名字？太有趣了！我可输进电脑了哦！"

好名字的亲和力是一种意外且巨大的福祉，只不过福祉的第一享受者，暂时还是易小时的老爸老妈。太拽味了，听到别人喊我们儿子的名字就美滋滋的。

在我创作的系列文章《顾名思义》中，已经这样解释过儿子的取名——

问：你未来的孩子，想好名字了吗？

答：无分男女，都叫"易小时"。

问："一个小时"？怎么考虑的？

答：2011年3月27日星期日，我形成了"一个小时，聪明一时，激励毕生，奋斗终生"的人生观。同时，给孩子酝酿取名"易小时"。取名"易小时"，就觉得要抓紧时间搞点事，不枉社会人生走一遭。别人聪明一世、糊涂一时，我既已糊涂一世，只求聪明一时，挽回些生命光阴的损失。诚然，一个人生命历程中的许多时间，大都在做着重复的活计，例如衣食住行、洗衣、吃饭、睡觉、赶路，等等，这种重复是生命的必然，谈不上浪费时间。但是，人只要做到每天（或者每两三天，抑或每一星期）有一个小时不同寻常，总有那么一个小时能够产生新的精彩，能够向价值核心靠近，或者能够激发核心价值，进而造就自己、造化友群、造福苍生，生命就十分有意义。因此，给生命多预留出"一个小时"，每次善于用这一个小时做成一件事，从而争取这辈子仅仅"聪明一时"，就能做成好些事，那么这辈子的遗憾就会大大减少。我非常乐意把这样一种以自己的生命、不重复他人、必有所作为、向时间要力量、向未来要追求的理念，铭刻在我孩子的名字里、生命中。

2014年10月，带孩子在社区公园玩，发生了一段小故事，引发了我对"易小时"的姓名含义及小孩子取名艺术的新思索。那时易小时还只有五个月，一位阿姨与怀孕的女儿遇着我们，觉得小时挺可爱，随口问："孩子乖乖，啥名儿？"我说："易小时，一个小时,哈哈。"那阿姨说:"啊,真有创意!这名字咋想到的?"我告知:"给孩子取名的逻辑,第一,名字要让人觉得亲近。尽量少用生僻字,容易产生距离感;第二,名字要让人好记。名字就是一个人的品牌,尽量让别人听一遍就能记住,这样传播效果最佳;第三,名字要对孩子有含义、产生启示。一天24小时,要睡掉八个钟头,上班也好、休闲也好,其他16个小时,不能强求都操心费力,我就希望我仔,每天至少抓取二十四分之一,也就是至少一个小时,认真学习、思考、进步,这辈子就够了值了,就不会虚度年华;第四,名字最好能启示孩子一生,使他终身有感。易小时,一小时,我希望孩子今后无论遇到什么难处,都能在一个小时之内找到解决办法,做一个高效能的人!"那阿姨说:"极好的想法!那你们取名时,考不考虑给孩子缺什么补什么?比如说,命理缺水,就加个三点水偏旁?"我回答:"按五行命理,金木水火土,给孩子补名字,是一种民俗传统文化,信的人可以信。但我主张,用孩子的派名、字号去承载这个考虑,身份证本名还是越洒脱越好。"那阿姨对怀孕的女儿说:"易小时爸爸这看法有道理,将来你们两口子给孩子取名,可以照他这个看法。"这不,才一会儿工夫,这位准外婆就把邻里的"易小时"给记住了。

2015年9月,我应《今日女报》之邀,给湖南省女性创业就业技能培训班做讲座,其中再次谈到了给儿子取名"易小时"的想法,总结得更加周整。当时我是这么说的——

我儿名叫"易小时",是比较强烈的精神寄托、文化信托。

姓名含义之一:人生第一亲和感——从小起,名字辨识度就高,缩短知名度传播耗时，增强整体人生魅力的第一亲和感！

姓名含义之二：每天一小时勤奋——从小起，不能少于每天一小时勤奋，做一个实实在在的事业强者！

姓名含义之三：一小时解决大略——长大后，遇任何事情，无论多么艰难，必须一小时之内找准突破口、解决大套路，做一个超级智勇者！

我觉得，从名字开始，赋予孩子以尊严与机锋、责任和灵感，并且坚持按好名字的内在要求，去帮助孩子给自己塑形，孩子应该会更有出息的！

我写这些，是为了阐明一个看法：育儿观是从给孩子取名字开始的，要尽早、尽量取一个创意精彩的名字，给孩子的成长注入终身的活力与魅力。比易小时大五岁的姐姐叫"易可以"（我弟弟易浪、弟媳杨婧的独生女），这个名字显然也蛮可以！易小时经常相遇的同一个社区一姓傅的小朋友，名字真的叫"傅责任"，这也是个不错的名字，可见当代中国人多么呼唤家庭、社会责任担当，也可以想见这个孩子因为取了这个名字，势必会在人生征途上更加负责任一些。

让年轻的父母们，都给胎腹或襁褓中的孩儿，取个有意义也有意思的好名字吧。姓名的美感、好感，是人生第一魅力。爱自己的孩子，从取个好念、好听、好写、好记、好传播、好说事儿的名字开始。

# 第 2 篇

## 珍惜"午爱"一小时

日常生活中人们只会谈起"午餐""午睡",哪有"午爱"之说?于我而言,却有一份日加珍惜的"午爱",大致能够保证一个小时。周六周日当然不算了,带着家人在定居城市长沙周边"一日游"早已成为习惯。而周一到周五的每个工作日,托了上班、居家都在金鹰影视文化城的便利之福,中午从芒果 TV 办公楼,走到湖南广电居民楼,回趟家也就十分钟。这样,来去路上花掉 20 分钟,陪伴易小时、"午爱"一小时完全做得到。爱了孩子、睡了午觉,还步行锻炼了身体,把单位食堂吃的午饭也给消化掉一半。

"午爱一小时"也是我赋予儿子姓名含义的一部分,首篇尽管对"易小时(一小时)"做了多番解释,其实还缺了一条:我们做父母的,哪怕工作再忙、兴趣再多,也该自我要求,每天保证时间,至少进行亲子活动"一小时",既享受天伦之乐,更履行教养义务。与孩子一起,用童贞的心、童趣的眼,重新打量身边的世界,重去感悟远方的寰宇——这亲子一小时的陪伴,是赋予孩子善良美好习惯与性格的过程，也是重唤自己内心激情的过程——我们每个人生命中，可能有三至四次这样的逐步发现世界美好、渐次升华内在良善的人性进程：第一次是在长辈陪伴下，自己的长大，自个儿催熟；第二次是恋爱，与爱人在两人世界同品悟，创塑身边世界的黏性；第三次是亲子，携妻将子在三人寰宇共欢欣，同构远方寰宇的想象力；可能还有第四次，金秋时分，身为爷爷奶奶或外公外婆带孙，那时候的老者心态，对社会和家庭应该尽是宽待平和，也就是对孔夫子"耳顺"生命境界的落定。

　　上述想法，已然成为一个体系，它正是我从单纯的"午爱"一小时所虑起，经由亲子整体维度所炼成的。小时爸"午爱"一小时的重要动因是：小时妈因单位距离远、岗位事务繁，太仓促奔波，中午不可能回家，因而中午成了母爱的空当。这时候，孩子需要一份父爱，形成一天中母爱父爱的平衡，我这个做爸爸的，近水楼台，责无旁贷，回家午爱！而傍晚妻子归来，正相当于电视台所谓"晚间黄金时段"，可以让劳碌一天的母亲，与孩子共憩身心，尽享黄金时段黄金母爱。这样，中午我多见孩子一面（小时也多见爸一面），多陪一句话，多念一段诗，多唱一首歌，多做一个游戏，对他都是有温度的、出感应的、可积淀的。几岁的孩子，一天多陪两眼，绝不会宠坏他——少年时代起，孩子不能溺爱；孩提的娃娃，却缺不得抚爱！

　　不知道"午爱"一小时，是不是对孩子的习惯与性格产生了某种微妙的启迪和奇妙的造就，一岁多的易小时形成了两道鲜明的"娃个性"，一是善良相亲，二是"顾全大局"、照顾平衡。他见到别的孩子的照片，会拿过来轻轻地亲吻，有一家亲、日日亲的爱心感。再像外婆住在这个家里照顾外孙，而奶奶每周过来看望孙儿，奶奶要离开的时候，告诉孩子说"小时陪了奶奶这么久，你该亲外婆一口了"，易小时就会迅速凑到外婆脸上亲一个，又猛回头再亲一口奶奶。这种习惯还体现在摸鼻子的逗趣上，易小时只要摸了在场任何一个人的鼻子，一定会紧接着摸完当场所有人的鼻子——长辈们很享受易小时这种童真自发的"爱的平衡"，似乎小家伙在绵细的陪伴中已懂得"摆平"人际关系……

当孩子进入午睡阶段，我的"午爱"一小时也接近尾声，做爸的也能睡二三十分钟午觉，这对下午工作的提神甚为有效，一举两得。当然，我和妻子璐璐还希望"一举三得"，望儿子易小时长大后，得知这些"爱足一小时"的故事，能够懂得以他适宜的方式，也每天爱他的长辈、家人"一小时"——只要在同一座城市或同一处田园里安居乐业，那就承续"每天陪伴、相爱至少一小时"的两代人甚至三代人的亲情之欢、天伦之乐吧。把话往大些说：一切政治良善、经济公益、文化自觉，都可能从亲情欢、天伦乐正式开始和最终成全。

珍惜"午爱"一小时，懂得陪伴一辈子。最要紧的亲子方式是陪伴，最紧要的陪伴方法是细化。细化于常在、就在。"常在"无需长在，"就在"不求久在，珍惜绵细，何择巨细，用足琐细，积淀精细，形成陪伴的"如在"之感即可。也就是说，从孩子最小的时候起，就让他觉得、明白爸妈的陪伴似乎总在，连中午都可以见到其中一个。

全中国的职业人口,能够于百忙之中、千堵之际,中午赶回家陪上孩子一小时的,应该不太多,北上广的上班族,对此只能是痴心妄想。我只是显明这份陪伴意图,对于孩子一生太要紧、很紧要。我和妻子住在长沙,千恩万幸至少有一头可以"午爱"。自易小时出生起,"午爱"一小时就是我家生活的"新常态",真是值得千珍惜、万珍惜!

# 第 3 篇

## 顺产？剖腹？

吾儿易小时于2014年5月21日（马年农历四月二十三日）凌晨3点55分降生于湖南省旺旺医院。当时，因院方失误，血检发生疏漏，导致无法及时判定吾妻佘璐能否打无痛分娩针，而使她长忍剧痛。所幸璐璐凌晨3点20分进产房，顺产，35分钟生出六斤男婴易小时。璐璐单位中南传媒的同事王丽波、戴晓杰等优雅女士闻之，给这段典故命名"半小时生出易小时"。

究竟顺产好，还是剖宫产好，我没有发言权，一个非医学专业的大男人就该闭嘴。国际医学惯例是主张尽量顺产，且共话了一个妇产之顺产总量不要低于85%的说法（世界卫生组织设置了剖宫产率为15%的警戒线），大概基于对产妇（孕妇）、婴儿（胎儿）都更康健些的考虑。我不能因为璐璐是顺产，"半小时生出易小时"，就宣扬"请中国妇女多多选择顺产"，只能请姐妹们因人而异、自我确证、面朝大海、春暖花开。顺产是伟大的，剖宫产也是伟大的，它们都是诞生的已有方式；比开天辟地的传说方式，不减其伟大，因为实。毛主席说"生的伟大",词意自然是赞扬刘胡兰烈士的一生很有意义,尽管刘胡兰没有机会做母亲;我却把这句话借来,永远题献人类社会所有的呱呱坠地。

人类最初的孕育与妇产,肯定是顺产,而不是剖宫产。故而顺产的历史文化资格,强于剖宫产。这方面也可以不忘初心,在当代医检条件下,能顺产尽量顺产。《左传》名篇《郑伯克段于鄢》的主角郑庄公名"寤生",隐含了难产的意思;"难产"是顺产出现困难的反义提法。难产现象,古人难以避免,今人足可避免,因现代医学条件,剖宫产有其现实合理性,催生出完整的妇产科学。

生理为本,医理为基,大致照抄整理点点:顺产对产妇(孕妇)的主要好处是,产后恢复快一些,一般当天可以下床,奶水多一些;对婴儿(胎儿)的主要好处是,相对而言,肺活量可能更强,免疫力可能更强,神经感知可能更强,运动协调性可能更强。"相对""可能"二词,貌似含糊,其实也只好这么说,才更接近于科学。难以精确处的不做精确说,只点明大概率,因人而异、让人各异,反而等于精确。

顺产即自然分娩,顺其自然是至今最有效的生理健康法则。至今最有效的心理健康法则,是结合良导,包括感性与理性、自然性与创变性、适配性与确优性、原点性与终极性的结合;也算是"随心所欲不逾矩,发乎情而止乎礼"的升级版。

# 第 4 篇

## 孩子他妈"一号嘉奖令"

我的手机,一直珍存着孩子他妈给的一份短信表扬,喜称"一号嘉奖令"。

易小时出生的第三天(母婴俩第五天才出院),作为父亲的我利用巧计,在没办出院手续、没法出具新生儿诊断证明等妇产文件的情况下,用"易小时"这个名字的魅力和"给对方拣好听的真话说",居然提前办好了孩子的出生证明。同时,把本次妇产的医保手续同步解决。出生第十天,又把孩子的户口办好,使孩子成为手续健全的社会人。一天之内,又办好了孩子的个人医保。尚坐月子、足不出户的璐璐闻讯,立即向我发出题为《孩子他妈"一号嘉奖令"》的表扬短信,全文如下——

平凡母亲给优秀父亲颁奖:自易小时问世,仅十日办完婴儿的各种社会化手续,其父表现了一位卓越父爱追求者的责任心、进取心、耐心和爱心!特此嘉奖,望再接再厉、持之以恒,直至幼苗长成参天大树,才一屁股坐下歇气,爹享仔福自收获,背靠大树自遮阴!

今后，收起大男子主义和假男人模样，能够替老婆、帮家里多做一份事情就是一份事情。电影《叶问》台词："我不是怕老婆，而是尊重老婆。"我说："我不是讨好老婆，是让家里流淌爱。"家里流淌爱，多么地自然，1949年新中国成立之际，《人民英雄纪念碑碑文》上特意写了"自由幸福"四个字，那是家国情怀的最闪亮价值，多么贴切于每一家。只有自己家里，才可流淌无需任何计较、顾虑的最流畅的爱，自由幸福正体现了家的浩瀚。

乐此不疲尽责任，自由幸福流淌爱，是我初为人父的深情体会。

# 第 5 篇

# 儿子满月时的"父省篇"

2014年6月21日星期六,易小时满月。我有点儿时间,也有些想法,写成如下儿满月时的"父省篇"——

人生的黄金十年,应该只有四轮,即20—30岁、30—40岁、40—50岁、50—60岁。这四轮十年,理应做成许多事。此外,10—20岁的前几年不懂事,但后几年青春旺盛,可算次黄金十年;60—70岁一般而言身体不会立即垮,也可算次黄金十年。这两轮十年,也应该可以做成一点事。乐观预算,人的可作为时间该有六十年,正好一甲子。这是截至2020年的人类生理条件常态,待未来出现健康加长版,再修订"黄金时段预算"。

今天,儿子满月,体检、打防疫针、家宴三件事连续办了。晚上,母子睡着了,问自己两个问题:一问,儿子易小时将有多大出息?二问,父亲易柯明已有多大出息?本文写就,可以立此存照,给将来一个参照:等易小时四十不惑,比一比爸爸当年,儿子是强过老子还是居然不如老爸？

我今年四十，回想自己前半辈子，失败不少，失误很多，枉称"不惑"。失败、失误是负东西，说出来丢人，有本事悄悄改，没本事那认栽，不说算了。还是总结几点成绩，截至易小时满月之日，作为社会人、家族人、家庭人、自然人的我，"四十不惑"积累的正能量包括五项：

第一，辛勤工作十九年，垒成一个相对而言的铁饭碗，算是能自食其力、有所作为，好歹养活一个家，甚或善待一群人；

第二，讨了一个好、很好、非常好的老婆；

第三，生了仔仔，对得起爷爷奶奶在天之灵，没辜负爸妈叔伯的期望；

第四，搞了三本思想文化专著，有独步的风格乃至风范。但社会影响没有形成；

第五，练就"开天人之窍"的头脑，生命力、生活质量、生存价值虽有些黏滞，但绝无停滞，偶尔可能出彩。

上面这五条总结，措辞花花绿绿，其实基本是些没出息的话。一个有出息的男子汉，会把这么起码的东西也花心思总结，并且开列？比起堂堂的大社会、人类文明，这算什么胸怀格局、视野层次？之所以开列，是因为儿子满月，做爸爸的太贫，根本无可总结，也不好对儿子怎么个瞩望法，于是拿自己的履痕履历立此存照，堆砌凑数。

儿子，四十年后，观父在你满月时的上述感言，可以嘲笑父亲咋这么贫、傻帽得半口水也用缸子盛,但你一定要强过父亲,在身心健康、德才兼备的基础上,在一个或多个文明领域、建设性系统,有大的出息。要不然,只能"前人自嘲前人也,后人复嘲后人也"。我们父子,必须冲破这个宿命!

## 第 6 篇

## 长孩子见识，"一日游"走起

　　自降生第一天起，人就开始逐日长见识。哪怕幼年懵懂，蜂拥而至的见闻也必定播种于孩子心中，潜移默化，培根铸魂。看电视很能长见识，但那需要童年时，婴幼儿眼睛受不了屏辐射。上网更能长见识，但那需要少年时，有一定的辨析导控力。因而对于孩子的长见识，从哪儿开始，需要一个谋定而动。我的选择是带孩子"一日游"。

　　易小时已经四个多月了，我想，也该远行远行了。光靠院子里、月湖边散步，生命灵气的轮廓偏小。2014年10月12日星期日，易小时进行了他作为长沙人的首次"长沙一日游"。

　　关于儿子的旅游和旅行，我的想法是：

　　第一，童年阶段，主要带他"家门一日游"。出于家园情结、生活旨趣和文明责任，我精神上化身"易霞客"，自行踏寻、编配有至少365条"长沙一日游"线路，定居长沙的人可以一日之内从容往返的旅游线。每周末走上一条，足以把易小时和他姐姐易可以的童年填满。也许有人认为，专注"一日游"，视野褊狭，格调土气，束缚了孩子；我并不针锋相对，否定人家这种观点，他们推崇无远弗界、顶级风光，我赞赏歆羡。但于自家，综合自然生态、文化历史、经济耗费、时间花费、停走自由、吃遍菜鲜、归心似箭、归途如虹等因素考量，还是觉得"长沙一日游"这资源已经足够博大丰裕、轻便灵活，足以好好教化孩子的金色童年。"长沙一日游"数百条线路、数千个景点是大自然、人世间钟灵毓秀的结晶，凝结着生态文明、历程文明、方域文明、自化文明的大量可激活元素，可以一路讲出无数知识与故事，可以晤对高度的美学、文学、史学、哲学价值与尊严——这是何等潇洒的"道听途说"。同时试想，如果儿子告别幼年走进童年，能读懂父亲带着他亲手拍下、亲笔写下的"长沙一日游"《道听图说》每一图文，他会相当开窍的。而且今后，如果我拍下照片，请儿子先信口配文，对他也是一种文才磨炼和口才锻炼。此外特别的是，儿子能跟随父亲直接摄取一种言传身教的精神力量——只要确认自身的使命，就要专注以待、极致求精、终身无违——以确认、专注为人生先决，以极致、终身为人生归宿，持之以恒地完成自己作为"一个人"（哲学意义上的不同于他人的"这个人"）的个性图谱和生命频谱。

第二，少年阶段，加码带他"神州万里行"。从"一日游"到"万里行"，是走出家乡一隅，对纵横九万里、上下五千年的祖国母邦的远唤与近恋。力争走遍全国名山大川、名胜古迹。一路"吃住行游购娱"加"导交品创"（导引、交际、品鉴、创造），不仅关注风景，也关切风景中的主人、旅途中的客人、交集中的友人，多多地环保，多多地友爱，多多地创获。这一行旅，将使孩子的"爱祖国，爱人民"扑面可及、立等可取，绝不是一句空话！视界多大，心就多大；心有多大，人生舞台就会多大，在这少年时预设了。

第三，青年阶段，让他自己"面向现代化，面向世界，面向未来"，大快意畅行，大写意畅游。那时候，老爸的身体、兴趣、调性，以及父子自由边界约定，都不容再跟他一起走了。老爸鼓励他高飞远走（可不是"远走高飞"），飞得越高、走得越远就越有见识，但一定要回到届时必将继续昂然中华复兴的祖国。想起来真是兴奋，假定他走过全世界风尚大国、文明古国、新奇特趣国，甚至去过极地太空，然后回顾祖国、回归母邦，一定能够给自身脊梁骨补钙加铁，也能够给国家脊梁柱添砖垒石！

第一景——浏阳河上游之一小溪河上，渔舟惬意，仔仔好奇。

第二景——选在小溪河上的"半岛"浏阳高坪中州农家乐兼渔家乐午餐。

第三景——壮观地貌天涯寨前的"人民万岁洲"。两年后，两岁多的易小时在参观浏阳南康水库荷田时，面对莲叶田田大喊"guanzhuang"，父母亲花了几分钟才搞清，小时把"壮观"说成了"观壮"。兹后，小时直到本书定稿出版时的六岁，一直不使用"壮观"一词，虽然他懂这个词，却总说"观壮"，这成为他较早个性化驾驭外物的一个生活实例。小孩也是可以有情趣、有情调的，小时的情趣情调是从"一日游"这一生活方式开始的。

第四景——浏阳市高坪镇石湾村"浏阳河第一湾"立碑处，爷爷亲孙孙。九曲亭上，就是"长沙第一古樟"。

第五景——浏阳高坪这棵谢娘娘庙巨型古樟作为全长沙第一大古樟，树龄1500年，围径13.2米。保姆刘敏阿姨抱着小时，定格。仔仔被庞然大树对比得袖珍再袖珍。愿仔长大后，把这里铭为人生福地。

第六景——石湾村松岗山下的树龄800年、围径8.6米古樟。这也是仅次于谢娘娘庙巨型古樟的高坪镇第二大古樟。轮到奶奶亲孙孙留影了。

爱仔易小时，2014年10月12日是你首次"一日游"，这一天，你连话都还不会说，只需这么记住：你和爸爸妈妈生命中逝去的每一天，都是无法重返的，也无须重返的；即便立此存照，足以回忆起某一天，也会匀耗新的一天；因此，尽量不要回忆往事，除非实在没事干了。你的老家，是今日所至浏阳高坪西向而去200公里——中国湖南宁乡巷子口沩源里。爸妈在你懵知的时候，带你走过家乡一次次"长沙一日游"，只为尽早把故乡山水、祖国山河，镌刻在你的生涯之中，使你长大、懂事后，集中精力呼啸前行，不必太多回忆，每天都是新篇。

# 第7篇

## 在爸爸爱妈妈的地方，被爸爸妈妈爱

　　不到半岁的易小时，相当适应"长沙一日游"，从不晕车。上车能睡着，下车自然醒。从小爱起，从小爱大，从小爱深，从小爱久。

　　11月8日，易小时的第四次"一日游"，被赋予极其特殊的意义——他"行走"在生命的根源地：先"往寻"家乡湖南宁乡最好的泉水——清水泉（据说人类生命起源于水，所以拜水、打水），然后"到访"爸爸妈妈的爱情催生地——香山冲（试想没有爸妈的爱情与婚姻，哪来他）。

　　十年前，2004年11月，爸爸易柯明以打破常规、纸上钟情的方式，认识了妈妈佘璐，还没见面的第一句话就是电话中直冲而出的"我爱你，嫁给我吧"。佘璐显然吓了一大跳，觉得神经，极为排斥。后，易柯明苦追一年，直到2005年11月，佘璐才接受他的求爱。这段情缘的详尽过程，作为完整的写实、纪实，2007年记录在我们的婚礼画册《秋日私语》中。在具婚恋决定意义的2005年11月份，一周之内，连续五天，孩子他妈起始于花明楼对孩子他爸产生敬重，随后于香山冲（位于宁乡县）对孩子他爸产生好感，兹后于白沙井（长沙最有名古井）对孩子他爸产生爱慕，最终于菜香根（湖湘知名土菜馆）对孩子他爸产生信任，并接受求爱。那五天的最后一天，长沙市迎宾路上、烈士公园南大门对面的菜香根餐馆某包厢，易柯明向佘璐宣读了《生命感恩与璐的出现》，佘璐接受了这份感情——这才有了九年后、2014年的易小时问世。

当天中午，往寻清水泉之后，到访香山冲之前，路经宁乡县城东郊喇叭口，看见这里也有一家菜香根饭馆，倍感亲切！ 2005年11月一幕幕爱的回忆，如网页弹窗般跳出显明，易小时第四次"长沙一日游"，选择走九年前爸爸爱妈妈的地方——香山冲，在这里让孩子被爸爸妈妈爱，又是一种有深度情感刻痕的留念。孩子长大懂事后，会觉得很温馨。这就值了！

2014年11月8日，记者节，易小时首次被记者爸爸带到香山冲。在爸爸爱妈妈的地方，妈妈拿起手机拍，爸爸拿起手机跟拍，小时被拍在妈妈的手机里，也被拍在爸爸的手机里——这饶舌而有趣的父爱、母爱一幕，永远定格于一个平凡家庭的幸福生活中。

## 第 8 篇

## 如何选择保姆

怎么给孩子适配保姆阿姨，是做父母的一道必答题，这不仅决定着孩子的萌育质量，也干系着自己的身心调剂乃至解放。阿姨选得对、处得好，孩子就会被带好，父母就较为省心，更大为省事。

父母们的出发点、考量点都差不多：一是想清楚孩子需要什么样的阿姨；二是怎样找着并谈拢比较理想的阿姨；三是与保姆善处，宜温良与勤快，戒焦躁与怠惰，最终温存到孩子身上去，也温暖到整家人。

我家给孩子选配保姆的标准，基本也是大家认定的四条：第一需要健康证（一年一度体检合格），第二有育婴证（育儿类保姆资质一般分两种，一种是从出生只管到三个月的月嫂证即母婴保健师证，再一种是从出生可管到三岁的育婴师证。易小时爸爸曾对某月嫂阿姨笑称："你这个证书，使你身价百万。"她不信。我计算："月薪 6000 元乘以 12 个月乘以 20 年等于 144 万元。"她恍然大悟、大乐。前两条是"硬件标准"；普通话标准、性格温婉等，要求时间有保证，别三天两头请假走人，算"软件标准"。此外，由于我喜欢带易小时"长沙一日游"，所以特别提出不选晕车的阿姨。

其实还有一条非常重要，但又不是先期一两次见面攀谈断定得了的，那就是对孩子具有由衷的爱心。她要本能地爱着孩子，不是简单出于工作职责陪孩子玩，而是喜欢带着孩子接触生活全过程，自然学习，欢畅玩耍，良性影响。这一条最难判定，却是极其重要的。

跟不少城市家庭一样，我家小时也换过多个保姆，不是我们不挽留，阿姨们各自有生活情况，没有不散的筵席。我们对阿姨们大都满意，她们对小时付出了辛劳和关爱，而且是在小家伙不明事理、难于铭情的时段，有这份相处不容易、很珍贵。想想吧，保姆阿姨在我们家一住至少几个月，情同家人不是虚话了。

同等感激各位保姆阿姨的同时，对第一位刘阿姨相当难忘，对现任贺阿姨尤其满意，很大的原因是她们展示的个人情感更为浓烈，发乎自然、顺乎欢畅的程度更高，称得上"非常会爱，非常会带"。

刘阿姨是第一个带易小时的，当了一个月的月嫂，走时不舍，我们给她写下了情真意切的"离职评语和离别赠言"。她有心备一个本子请我和佘璐作为雇主写下评语，这已体现出她的认真。而她对易小时的牵挂表达得颇为诚恳，使我们在她离开三个多月以后又请了她回来。

# 第 9 篇

## 孩子打针时的考虑

2015 年，一岁半的易小时按照健康手册的期限规定，去打了疫苗（预防针）。他对医院是敏感的，似乎知道身处这个场合，必定会发生疼痛，因而等候的过程中，不轻易能被逗笑，明显在绷着神经。到打针的时候，小时当然大哭——这一瞬，痛感其实更多在大人，如同扎在做父母的身上，更似扎在父母心上。

初为人父，舐犊情深，竟不忍视。心如针扎，倍感疼痛，务必坚强——于是在小时面前，摆出一副凛然状，嘴里不住说"仔仔不哭哭，仔仔真勇敢"之类的话。孩子他妈哄得更温存，小时便在痛感消失后又小哭了一会儿，挺了过去。

小时出生以来的全部防疫针，我是不犹豫、不多虑的。科学规定的每一针疫苗，都疏忽不得，更缺失不得，必须准时，必须连续，于是把带孩子打针的日期逐一写进了日常事务备忘录，提醒自己坚决不能忘。狠心想，孩子哭算什么，每一针都该扎，都扎得好，扎进去的是疼痛，扎出来的是健康。健康对于所有人，都是人生第一位的问题，对幼儿尤其不可含糊。婴幼期的健康，张扩为未来人生的长度与厚度，这是毫不夸张的道理，更是父母的首要责任。

孩子打针之际，我想得更深远：能够给予小时的父爱，主要会是什么？父爱一定集中于对孩子的呵护与培养，尤其是培养，把孩子养成合格的自然人、社会人、文明人。这就需要：第一，帮孩子从小建立坚实的体能（健商）；第二，从小敏锐的智商；第三，从小诚挚的情商。这是相互关联又彼此递进的三方面，先须从体格、体魄的身体条件开始。作为父亲的我，带仔勇敢打针，防疫各型病症，从小注重体能，平安走向未来，便是满足这一开始。身体条件越是好，越能历练，越敢体验，越可以行走在人生道路最棒的景观带。

打疫苗只是强身健体的一个侧面，还需带着孩子主动锻炼身体，寻求"生命在于运动"的适合孩子早期成长的方式。我个人是主张"生命在于动静平衡"的，认为孩子早期的最佳锻炼方式，不是任何刻意的运动，而在于"玩耍"二字：孩子的玩耍，就是他的运动，就是他的锻炼，玩够了，休息了，他就归于动静平衡了。因此，陪孩子玩耍，是最好的运动。

打针是强身健体之"防"，玩耍是强身健体之"攻"，攻防结合，健壮孩儿身。那超越于健商，在智商、情商方面，还该考虑哪些事情呢？打完预防针的孩子，他这躯体、他这脑壳，健健康康的，该往何处去，能否再升华生命之一境？沿着"三商"的关联，又得出对易小时初期培养的指导思想。重在两方面：

想法的指针——充分激活大脑内存，实现大脑内存的高比例释能；积极丰润小脑内质，实现小脑内质的优结构释能。

做法的指针——带着孩子一起观察思考，以观察思考的密集性，触发大脑内存的高量释放；带着孩子一起运动玩耍，以运动玩耍的周期性，调动小脑内质的优构释放；带着孩子一起练习技艺，以"多才一艺"的轴心性，促成大小脑的长效圆融。

为什么选择"多才一艺"而非"多才多艺"的培养之路？世界上确有多才多艺的人，例如袁隆平先生杂交水稻研究得很好，小提琴也拉得好。但我考虑易小时在有限的精力分配下，应该集中发展一门技艺（"一艺"），因专注而成就"终身手艺"，从而足以自食其力、有所作为；同时把终身省察所得的、贯通物理与人文的人生百科知识思维（原则上以文史哲或数理化为优先方向，二者必居其一），变成"多才"，聚"多才之聪敏"于"一艺之卓绝"，进而成就"终身心艺"——"多才"之上的"一艺"，是人生百科熔为一炉的、运用之妙存乎一心的大技艺，必可卓立于世、不虚此生。

打针时的孩子，并不只是一个哭泣着的、仅仅值得同情赐爱的小生命。做父亲的，要能一眼看到用疫苗敌住一组又一组细菌的他，将要健康成长，终将成长为一个充满创造力的大生命。从而要用父爱，去填充这一眼所穿透的漫长人生间隙。

# 第 10 篇

# 性别是平的

妻子璐璐怀孕时，不少熟友问："你们查过没，男孩还女孩？"我一律回答："生男生女，不都一样？自己血脉，生来就爱！"确实没查过，犯不着去查。易小时出生后，又有熟友说起："男孩子到底还是好些吧？"我依然表明态度："男女是不同的，但性别是平的。无论男和女，一样乐开花。"记得一本畅销书中的观念曾经风靡一时：世界是平的。我也要大声说：性别是平的！

某日傍晚，与璐璐、孩子、阿姨漫步，谈论生育性别观。

我颇显心得地说："做了父亲，真觉得生男生女都一样。性别是平的，这是从最高的人性抒发——人生情操上——得出的结论。生男生女，生理向度截然不同、经济向度迥然有异，但是在心理向度上，尤其在最高的心理向度——情操上，没有本质区别。套用南宋李清照《夏日绝句》来分析。李清照的诗，生当作人杰，本无分男女，都是人生情操的强大励志；两宋时期，士林崇尚血性，清照虽是女子，也带有鲜明的自勉。当然我有直觉，做人杰首先还是对男性的要求，雄性的英雄主义情结使然，清照本人举的例子，就是不肯过江东、绝不苟活失雄浑的项羽。生当作人杰，确是符合男性终身的发展要求，所谓男子汉、大丈夫，出自同一理喻。因此，生的是男孩子，我会直接希望他做人杰。如果生的是女孩子，她可以选择做自立自强的女中豪杰，巾帼不让须眉；也可以羞答答的玫瑰静悄悄地开，做大家闺秀或小家碧玉，长大后找一个有志气、有品格、有擅长的好男人终身相伴。也便是说，教育儿子是'生当作人杰'，教育女儿可以'生当作人杰'，也可以'生当伴人杰'。不管是'作'还是'伴'，都是积极的、正能量的、青春向上的情操。"

佘璐犯疑："平平淡淡才是真。谈情操、人杰，口气是不是太重了？尤其对孩子。"

我继续解释："情操属于人本，不存在因时而变、因地制宜。我们做父母的，生养孩子，最不能忽略的第一是体魄，第二就是情操。有了情操、情怀，一辈子不会失魂落魄、白活胡来。生男生女都一样，掂量情操也一样！生理学意义、经济学意义上，男女会不同；但情操一致，人类学意义、社会学意义、伦理学意义、心理学意义上，性别就是平的。理智的父母，既不会重男轻女，也不会重女轻男。"

佘璐微笑："生男生女本就顺其自然，没什么复杂。但带养男孩女孩，用的心肯定不一样。父母之间，对培养孩子是一个画龙点睛的配合关系。要用心配合好。生了儿子，靠父亲画龙，母亲可以作点睛。女儿正好倒过来。"

我很有预感地说："一般是这样，也不能一概而论。我有个感觉，在易小时的培养上，估计是你这个娘画龙，我做老爸的来点睛。易小时因此会有他的突出特点，总体对他是好事。"

# 第 11 篇

## 生活事物都是玩具

怎么给孩子买玩具，又怎么陪孩子玩玩具，是寻常又不同寻常的亲子课题。一般来说，只要是厂家正规生产的玩具，都是经企划研发的，符合孩子某些天性，孩子总会喜欢。因而进玩具店选购，只需注意男童女娃的爱好差异以及是否相对适龄，一般就能找到称心的玩具。像男童，肯定比女娃更喜欢玩球玩车。一岁半的易小时，就是各型圆球与小电动车的"发烧友"，爸妈经常给他买球买车，陪他滚球滑车。小时这个倾好，使得他在翻幼儿识字图本时，对球、车特别敏感，很容易认和记。此外，对于各种动物造型的布娃娃以及动物类识字图本，小时也很热衷、有感觉。

那为什么又说买儿童玩具、带儿童玩耍也并不寻常呢？这是出于这几个考虑：

一则，适龄有高下。幼童生理与心理都是一门奇妙的学问，什么年龄段玩什么东西，对于智力开发、性格培育、习惯养成都有讲究。尽管总的说，"只要没有机械或化工危险性，一切玩具在一切年龄都可以玩"（小时爸语），但"相对而言选择玩哪几种更好些，肯定有个高下之分"（也是小时爸语）。具体分辨，得听专业育婴师和儿童教育专家的高见，我说了不算。但可以肯定的是，对玩具进行适龄化挑选，好过随便进店子拣拾一通、装栏就走。

二来，成本有高低。越来越多样化的玩具，精密智能程度不断提高，价格也越发趋高。工薪阶层的年轻父母，买玩具不可能一览无余、一网打尽、一撸到底——还是得优中选优、宜上挑宜。算账省钱选购时，得放弃不适龄的、同质化的、较粗糙的。

三者，模式有高矮。这一条最关键，是我的个人发现、个性感受：对于孩子，最好的玩具在日常，也就是日常生活用品；它们貌似不是玩具，却又是最好的"玩具"，因为可以直接给孩子灌输生活本身，强化孩子的生活通感和生活敏感。这些"玩具"，就是我们的日常生活用品，犯不着花第二道玩具钱。再说彻底些，日常生活所见，俯拾皆是这样的玩具，甚至不必花一分钱，但"玩"的效果却不亚于日新月异、日趋昂贵的专门玩具。

就这份生活日常"玩具模式"，我愿作为亲子经验与朋友们探讨分享。

把自己的脸，给孩子当"玩具"。我经常要易小时指认：爸爸的下巴在哪里？喉结在哪里？眉毛在哪里？胡须在哪里？孩子摸起来很有兴趣，也早早知晓了人体面庞构造。

我清理纸屑时，会拿来撮箕，给小时看清理的整个过程。过程中，撮箕对于孩子就是一个"玩具"，孩子领会了它的功用。下次，看见地上的纸屑时，小时会去阳台拖进塑料撮箕来，意思是请爸爸妈妈搞卫生……

经过较多这种情况，我看到了孩子的快乐和进步。这些基本不需另花钱的"玩具"，构成了我陪孩子玩的"另一半玩具世界"。

孩子对这"另一半玩具世界"是同样喜欢的，也更加接近原状生活。孩子性之初，都感到新鲜，具有新鲜感的生活日常教化，对孩子的长远成长有益。我一直提防着专门儿童玩具的片面性：流行至今的儿童玩具，基本有纯粹嬉乐或寓教于乐两种类型，无论哪种情形，主要是生活情趣面的研发产物，较少生活应用面的开悟开发，难免"为玩而玩，只知道玩"。而我"最好的玩具在生活日常"的想法，意味着孩子的玩具可以无处不在，就看父母怎么用、怎么带、怎么玩。

儿童"爱玩"的天性，辅加父母"会玩"的智性和理性，使任何实实在在、朗朗日见的生活事物，都可以变成玩具，让孩子玩遍日常、懂得生活。这样的孩子，兴许就是长大以后最懂得玩、最不乱玩的孩子。

你看你看小时的脸

"老干部"易小时

一家三口踏春照

一日游之胡林翼故居遗址

一日游之消逝的香山冲小石潭

一日游之且看且爱且护

易小时：

宝贝！啊姨要走了，被迫的离开，因为哥哥的奶奶生病了，无人照顾，啊姨只能选择离开，你呀要对女娇，听见没。要快乐的成长，将来做个对社会有用的人，用自己的智慧来报答爸妈、外公、外婆、爷爷奶奶尽所有亲人。

健健康康地成长，啊姨永久的有愿你，快乐，健来康，幸福，平安走，肯定想你，这个就不用说，你呀也不要忘啊姨呀，把对我的依恋……传到现在啊姨身上，听道吗？她也一样爱你疼你。有时间啊姨也会来看你哦！

愿你有个好妈，刘姨 留

月嫂刘敏育婴情

易小时范儿

功夫小子易小时

# 第 12 篇

# 一个幼童的音乐之声

因了美的存在，常可心旷神怡。所有的审美品类中，我特别偏好两种，一是风景，二是音乐，风景能使整个内心放在天地，而音乐能把整个天地收在内心。这两个偏好，我打算早早地传递给孩子。带易小时每周"一日游"，风景正在嫁接；带小时每天听 CD，音乐正在移植。

从接触与感知的亲和度来说，音乐是最能够伴人终身的艺术审美：旋律给人以合律的心动，节奏给人以变奏的脉动，自然聆听，毫不费心，却心领神会、心旷神怡。同时，音乐也是人生最初情的艺术，孕育新生命的胎教阶段，主要内容便是平和悦耳的音乐。著名奥斯卡获奖电影及音乐剧《音乐之声》展示了一位家庭女教师与孩子们之间由于音乐而缔结的真情，给东西方社会均留下深刻印象。

什么才是符合一个幼童的音乐之声？难以有标准答案，更没有唯一答案。我对幼童时期的易小时听什么音乐，有自己的考量，作为百花园的一枝跟大家分享。近日来我家造访的一位阿姨问："目前小时主要在听哪些音乐?"璐璐说:"主要是儿歌。一岁以前散散落落,听得多的是《郊游》啊,《小汽车》啊,《聪明的一休》什么的。周岁以后,买了张廖昌永(著名男中音歌唱家)女儿廖敏冲演唱的儿歌专辑,里面的《泥娃娃》《捉泥鳅》小时特别喜欢。除这张碟,老易每天都会给仔放两三遍《鲁冰花》。"我接话:"是低男中音歌唱家沈洋的吉他版《鲁冰花》,不是流行歌曲风味,而是艺术歌曲风味的。我们家给易小时听的,儿童歌曲妈妈管,爸爸只管艺术歌曲,而且是声乐、器乐、朗诵系统地听。声乐包括艺术歌曲、戏曲、民族唱法、美声唱法、流行唱法、原生态唱法的一块儿上;器乐包括交响乐、奏鸣乐,无论协奏、独奏还是西方古典、中国民乐都选着听;再就是古文新诗、戏剧对白,代表性的都不放过。"

阿姨很好奇我为何这么早就给一岁多的娃儿听艺术歌曲及系统经典声音艺术?我详尽告知——

人生的境界是由旨趣决定的。人的旨趣发端于儿童早期趣味。人的所谓"天赋",只不过是初期趣味选择与凝聚的结果,因为人生早期的专注,使得生命意识与思维力量从小被集中调动、反复聚焦,于是会在某些点线面上形成相对他人的先知先觉、独到独悟。因此,必须注重一个幼童的初期兴趣并给予发现与引领,且引领高于发现。除去大自然生灵气息要多多感应,一定要对人类文明最富态的部分有早期介入,从接触到感触,培养兴味。

人从呱呱坠地那一天起,大脑的生理结构就已经健全,只是等待有效的启用和开发。人的大脑不仅具有极其庞大的信息内存结构(终身用不完,且不断续增),还具有能够被每个人直接掌握的"感觉暂留"功能（例如听觉暂留、视觉暂留），和未必可被多数人直接掌握的"知觉会忆"功能。后者的意思是，从小到大，过你眼你耳、入你脑你心的东西，其实像电脑存盘般刻录在你的脑海，在人生成长过程中的每个阶段（一般人分为幼年、童年、少年、青年、中年、老年、暮年等时期。不少人可分到年岁，少数人可细到月份或星期，极少人可细到每天，个别天才到了每分每秒即兴反应、灵敏调整的即刻阶段），随着感性、理性的碰撞耦合，这些被岁月累加的知觉会形成特定时刻与情境的"会忆"，从而生成极其缤纷的生命生活感受。

幼童开始，熏陶便起。以综合视听为享受的艺术，如影视、音乐、戏剧等，是人类感性与理性结合得最生动的艺术，最容易感同身受、心领神会。又考虑幼童耳朵对声音的适应力，要强于眼睛对视像的适应力。幼童眼睛对自然天光是基本适应的（除去刺激性阳光），但对人造光（部分灯光）、荧屏影像难以适应。因此，对于幼童最好的视听，还是声音艺术的聆听。

声音艺术的精华，集成于音乐与吟诵。人类声乐、器乐与朗诵艺术的瑰宝部分，是卓越创造者们凭着各自的风格追求，结合天籁的标尺、人和的向度，所获得的言近旨远、曲绕梦萦的"天籁人和"的最佳享受时光旅程，百听不厌，植根心脑，引向生命境界的高尚。对于易小时，无论是作为催眠的伴随性聆听（多在车上），还是作为起舞的诱导性聆听（多在家里），我都必须超越儿童歌曲、流行歌曲，超越"听觉暂留"，让他的小耳朵多听艺术歌曲及其他系统经典，以形成"知觉会忆"。

播放次数第一的，就是沈洋演唱的《鲁冰花》。

我的这种幼教理由是：孩子这般幼小，只能直觉乐感本身的舒适度；器乐里小提琴刺了、二胡木了、琵琶脆了，以钢琴、古筝、吉他好一点；声乐里高音亢了、低音衰了、女音尖了或软了，沈洋叔叔的《鲁冰花》是低男中音，吉他伴奏，极为贴合；再者，《鲁冰花》的主题是母爱，每次播放这首歌，也是向怀胎十月、辛苦生养的母亲璐璐致敬！敬意里，有小时这个儿子的日常感情，更有我这个丈夫的一片深情——故列"易小时聆听排行榜"第一吧。

现在，易小时每听音乐时，就会挥动双臂做指挥手势，甚至成了一个习惯。喜欢他的这个习惯，是被"天籁人和"所召唤的幼小生命律动。

播放次数第二：罗天婵演唱的《哆来咪》和《孤独的牧羊人》。

幼教理由：资历在关牧村、德德玛之上，功力不在关、玛之下的女中音执牛耳者罗天婵奶奶的《哆来咪》和《孤独的牧羊人》，是本文上篇提及《音乐之声》系列声乐版本中唱得最好的。罗对声线驾驭、和声引导、情绪变化的处理堪称绝智级完美，艺术感染力无与伦比。歌曲所具备的欢快感也特别适合小儿听。小时姐姐易可以长期听罗版此二歌，洗澡非常带劲，手舞足蹈、兴风作浪。我觉得这两首歌，荡漾着智慧的心电流，可以早早激活孩童的脑能，也带动孩童的体能。

播放次数第三：焦晃朗诵的《将进酒》。

幼教理由：声音艺术领域，越简短的反而越难抒发，诗词就比散文难于吟诵表白。坦率地说，连同一代朗诵大家孙道临生前的努力,唐诗宋词迄今为止还没有一张抵达艺术高标的朗诵专辑,关键是出不来意境。焦晃爷爷朗诵的李白诗《将进酒》是唯一成功的作品,尽管他吟错了两个音("将""岑"。十多年前焦先生接受小时爸采访时也曾表明该版本的这一录制遗憾),但他以戏剧化的方式处理抑扬顿挫,语气处理、语速变化得当,长句舒展、层次递进够味,配乐也讲究,制造出"会须一饮三百杯"的淋漓意境,崭露出"天生我材必有用"的耿介风骨,诵毕,"与尔同销万古愁"的达观气势与乐观精神一彻万融。小时妈多次测试,易小时每次听焦爷爷朗诵的《将进酒》时总是特别专注、安静。这种专注与安静,意味着小时可能已经懂得聆听,只是父母亲还不能懂得他的聆听;也可能预示着,小时对于以古典诗词为代表的中国传统语文有着审美的亲缘天赋。

播放次数第四:无名氏钢琴独奏《雪儿达娃》。

幼教理由:《雪儿达娃》是作曲家金复载的匠心之作,系冯小宁导演、宁静主演电影《红河谷》的音乐原声,为片中雪儿、达娃姐弟俩在高原草甸惬意翻滚的情景写意造境。平常聆听时,极容易感知为雪域沐浴阳光的内心反应,天然熨帖。原本舒缓的管弦乐句上,突然响起清脆干净、汩汩潺潺的钢琴颗粒,不激烈,很悠扬,像宁静的人儿雪中漫步,把氛围引向静定康庄。所以后来常被选为中国各类影视颁奖典礼的背景音乐。这曲子特别悦耳,如天籁之音,毫无压迫感,很适合小孩子听。曲子的深层象征意义是:原已美好的生活景象之上,明朗一种新的希望,始终高悬前方、召唤前往;由于本已幸福,对新阶段新幸福的期待又不疾不徐、从容徜徉。非常适合"身在福中"的易小时去"知福",去"味福"。

播放次数第五:苏小明演唱的《山楂树》。

幼教理由:这是爸爸易柯明平生最爱的一首歌(非苏小明版本不可。始自公元1991,时年苏联解体,我正好开始念大学,迷上了苏联歌曲。《山楂树》迄今听足了28年,该听了有两千遍吧),是代表爸爸永恒心境、忘年忘龄的歌谣。微微的忧郁、淡淡的忧愁——爸爸为此褶皱平生,始终负重前行。希望儿子比老爸拥有更多开朗与欣悦,那么,早早听过小明阿姨的《山楂树》,人生的波痕自然抚平。爸爸的前期人生,70%在山楂树下徘徊无前;小时的初始人生,却当迅速穿越山楂树林,何需回首萧瑟处,何顾风雨何惜晴。

播放次数第六:朱明瑛演唱的《无论你走到哪里》。

幼教理由:最值得孩子听的男中音艺术歌曲,沈洋的《鲁冰花》已然为冠;最值得孩子听的女中音艺术歌曲,苏小明的《山楂树》已然为冠。接着很想推荐另一杰出女中音歌唱家朱明瑛用巴基斯坦语演唱的这首歌曲。中国歌坛,没有第二个人像朱明瑛,可以流畅演绎几十种语言的歌曲,且几乎每种语言的演唱,都胜于原唱。苏小明、朱明瑛断非靡靡之音,实乃"明明之音",音质饱满不壅塞,音色清朗不轻浮,林泉慢渗,溪茗久汇,每听为之甘馨,训练幼儿听觉必属一等一。《无论你走到哪里》是全人类体现母爱、父恩、子报的最伟大艺术品——巴基斯坦著名电影《人世间》的主题歌。《人世间》把责任担当之上的亲情,或者说亲情之上的责任担当,娓娓道来,潜移默化;朱明瑛阿姨演唱的这首主题歌,又比影片原唱好听得多,是"幼吾幼以及人之幼"的稳匀契合,是"老吾老以及人之老"的诚挚抚慰,更是"伴吾伴以及人之伴"的温存长随。我希望易小时亦能从中听出永续不过时的道德情操。

播放次数第七:蔡红虹演唱的《扑蝶》。

幼教理由:《扑蝶》是香港电视剧《京华春梦》的插曲,原唱汪明荃。几分钟欢快奔放,宛似扑蝶的生动过程,幼儿闻之欲舞,是生活情境的超级动感立体声。蔡红虹阿姨的演唱,先粤语后国语,层次鲜明,兴味浓烈,非常适合娃听。

播放次数第八:阿鲁阿卓演唱的《面朝大海,春暖花开》。

幼教理由:母亲生小时的时候,妇产医生大意,忘了打止痛针,父亲自责不已。坚强的妈妈,吩咐爸爸反复播放阿鲁阿卓阿姨演唱的海子这首名诗,居然顽强地挺了过来。希望易小时从小常听这首"母难曲",知生之不易,有海样胸襟、花样心扉,善行于天下。

播放次数第九:小提琴独奏《鳟鱼五重奏》。

幼教理由:交响乐中,我当前没有选择宏大坚硬或深广辉煌的《贝五》(《命运交响曲》)、《贝九》(《欢乐颂交响曲》)或《柴一》给易小时听,觉得还可晚些;婉约《梁祝》、豪放《黄河》亦如此。吕思清伯伯演奏的《新疆之春》《阳光照耀着塔什库尔干》和《匈牙利舞曲第五号》适合听,但播放次数远没舒伯特名曲《鳟鱼五重奏》那么多。《鳟鱼五重奏》中鱼的嬉游感是明确的,不像"英雄""命运""田园""欢乐颂"那般费猜;剽窃柳宗元"曲中鱼可十许头,皆若欢游悦所依",生动鲜活,优哉游哉,对娃娃的吸引是精确的。娃儿开心,家长可乐。

播放次数第十：姚锡娟朗诵的《最后一课》。

幼教理由：这是一个完整的故事，孩子听不懂，或者说按成人的理解，基本听不懂，但必须兜售一个故事，在易小时的幼年。姚锡娟奶奶在北京音乐厅现场朗诵的都德短篇小说《最后一课》，优质得天下无敌，连吟诵界奉为至尊的一代耆宿孙道临也佩服不已。姚锡娟凭记忆，朗诵十多分钟，没打一个磕巴；她一个花甲之人，能够运用各种年龄段的拟声，角色移易绝对精彩，一人转换多人身份，种种身份栩栩如生；情感把握、语感发挥毫无瑕疵，令人感动不暇；情节推动十分流畅，充满了戏剧色彩；《马赛曲》的三次配乐穿插，逐次风格不同，三度恰到好处，效果天然妥帖，久久荡气回肠。总之，这是举世艺术家迄今最完美的朗诵作品。由于其完美性，娃娃很容易沉浸在声音的变化推演中，享受一个曼妙语者的声言经过，不时被其中的戏剧化元素逗得嗷嗷叫。我确信，娃娃常听，一定聪明。

播放次数第十一：曹燕珍演唱的《劳动最光荣》。

幼教理由：京派民歌演唱家实力雄厚，海派民歌演唱家实力也不容小觑。方琼、杨学进、陈海燕、曹燕珍是海派女声民族唱法四大高手，音色都以"脆"平齐，婉转如莺声。这不算最适合娃娃听的，但适当听听也可以。曹燕珍阿姨有首歌最为对口，那就是《劳动最光荣》（儿童歌曲版。不同于殷秀梅同歌名的21世纪创作歌曲版），它欢快酣畅，瞬间激动易小时的情绪，是较好的"父爱调味品"。曹燕珍这首《劳动最光荣》是雷锋初心时代、20世纪60年代生人的儿童歌曲，"少儿"得有点苍老了，但劳动礼赞连带童心不过时，这首歌始终天真欢愉。

播放次数第十二：爷爷作词、陈静演唱的《沩山之歌》。

幼教理由：其实还有很多好歌适合易小时听，像迪里拜尔阿姨演唱的《七月的草原》，田浩江伯伯演唱的《去动荡的远方》或《我的祖国》，陈海燕阿姨演唱的《山歌好比春江水》等等，但播放次数不能跻身前十二。排第十二位的，是小时爷爷易凤葵先生亲自作词、湖南本土女高音歌唱家陈静阿姨演唱的《沩山之歌》。这首歌，唱的是小时家乡湖南宁乡巷子口沩源里（沩山麓、沩水源），孩子从小听，当然是乡情寻根、文化寻脉的一个突出象征。乡情可植根于幼教，迟早有不俗的意义。2015羊年开局，新华社专题文章称习近平先生最喜欢听夫人彭丽媛女士演唱的《父老乡亲》，最是那一句"树高千尺也忘不了根"打动了他。我们的思谋不能跟大人物去比附，但本意确是"固本以思高远"。

# 第 13 篇

## 小时画画

我跟小时妈妈多次探讨过"让孩子去学画画"这件事,不惜错过幼儿成长时机,也卡着没动。绘画、弹琴两件事,同一虑:浅不可代深,专不可代综。

我们家没有绘画传统,也没一个画画的高手。对画稍微有点感觉的,是妈妈佘璐。她有几个画家朋友,共同语言中,有些带孩子作画的想法。我这个爸爸,真是美术白痴,就算齐白石、徐悲鸿先生的名画送到我面前,我也没有珍藏和品览的兴致。璐璐带着小时,越过老易的白痴,谈起达·芬奇、达利等,又谈起李苦禅、黄永玉、范曾等,说起《三国演义》《水浒传》《西游记》和恐龙与童话,信笔画起来,七七八八的,未必得法,却已经得乐。

记不起易小时具体是什么时候开始画画的,这一"时刻"并没有意义,他现在不是画家,将来估计也不会成为画家。因为爸妈没打算让他非得成为,也没有为这个目的去考虑老师规格、部署培训进程。但是,乐得让他没有靶心的画着,因为他自己喜欢随手画。

我们观察，幼童小时最强的能力不是语言、文字、数码，而是绘画，具有一次性弯直造型笔力，和不间断的空间、点缀想象力。甚至，他的绘画意识已经近乎性情方式。

我知道小时爱画，随他画，让他妈妈管着他画。是不是专门请老师教小时，由妈妈全权决定。我自己管不像、管不好。由此，说实话，注意他的画画细节不多。直到有一天，很特殊的一段时日，我被儿子的手笔和性情打动了，随之做出了一个小小增进。

2020年1月28日星期二，正月初四，在新冠肺炎疫情举国防控期间，五岁的小时随爸爸妈妈在家主动隔离、自动隔离，突然彩笔一挥，连连画起水浒人物。所画任意人物，各个风味不同，一律出自他的原创所感。身为父亲顿感骄傲，立即在他的一页页画旁边，批下段段文字——

"2020新春，举国抗击新型冠状病毒的家隔自保、互保时令，五岁易小时突然自画一组水浒人物。此乃行者武松，手持戒刀；

"此乃一枝花蔡庆，头上斜出一枝花；

"此乃跳涧虎陈达，人如虎翻越于涧上状；

"此乃扑天雕李应，直接画人（化人）为雕；

"此乃及时雨宋江，小时干脆画成雨，他自云，黄色代表及时，蓝色代表雨；

"此乃玉麒麟卢俊义，他画成传说麒麟状，却有人的风味；

"这是他画的智多星吴用，他说吴用与宋江是亲戚，我问为什么，他说智多星是星，及时雨是雨，都是天上人物；

"这是他画的拼命三郎石秀，因为拼命'三'郎，他干脆画成三

个人影的腾挪闪耀;

"小时画的母夜叉孙二娘,上面画一道月亮,中间画一把叉子,一个女人的眼睛在偷看,构思与笔法都是破维的能量,具有美学价值;

"急先锋索超,小时说斧子如此一变,长斧便也破维;

"金眼彪施恩,眼睛鼓起来,像在发飙;

"摩云金翅欧鹏,先画一个摩天轮,再画两边金色的翅膀,上面再画云,何等创意思维;

"火眼狻猊邓飞,眼睛如火山喷发,猛兽的动感;

"青面兽杨志,动物与人,消弭形界,乃小时创;

"混江龙李俊,把'混''江''龙'三个字都发挥到尽头了;

"母大虫顾大嫂,母性大虫子,亏他想得嗨;

"铁面孔目裴宣,艺术至简,反得其神;

"石将军石勇,水浒意在将军乃石,小时化为石乃将军;

"鼓上蚤时迁,易小时直接画鼓上有只虫子,这幅画的表现力,既非写实派,也非写意派,而是写活派;

"锦毛虎燕顺,爸爸纠错说锦毛鼠燕顺,小时反纠错说应该是锦毛虎,鼠是白玉堂,还说虽是好人、武功高强,却性子狭窄,像三国周瑜。中国焉有第二个这样的孩子,且画成如此锦毛之花样虎;

"旱地忽律朱贵,小时说一只儿童式鳄鱼即忽律如此于旱地上;

"矮脚虎王英,这脚够矮的,只剩脚板薯;

"铁笛仙马麟,他说此人是仙,就要让笛子与众不同,这支笛子能够喷水,仙嘛,可以是和尚变的,所以画了很长的假发,真小孩匪思。"

还有李逵等等,全是小时自想,实在可爱至极。

问他怎么想的,为何人人不同风味?小时淡淡一语:"他们都有外号不?照着外号想,就可以了。"

小时这画,画得很好。不是造型、线条、着色多么厉害,其实这些都不厉害。画得好,是小时的创意思维好,他能充分地、潇洒地出来想法,然后按照自己的想法,快快挥笔,画对《水浒传》的理解与记忆,画进自己的心里,画出自己的心理。

小时这么画画,以及他画的这些画,给了我一个启示,我对他提出一个自感不错的要求,而以前,我对小时画画没提出过任何要求。我对小时说:"儿子,你这些水浒人物画,都想得很好,也画得很好!爸爸有个建议,也可以说是要求,要再进一步,你要好好进步,不浪费进一步的本领。这些梁山好汉,都各有特点,也各有千秋,一张张翻看,连起来好有味啊。但是还差了一点什么感觉。那会是什么感觉呢?你想想,平时翻看《幼三国》《山海经》的画本,跟你自己画的这些水浒人物有些什么不同呢?那就是,《幼三国》《山海经》的画,一幅幅连起来,都是有故事的,前面的画和后面的画,连起来看,故事是有情节的,一页页有事情发生,一节节非常有味。是不是啊?小时这些水浒人物的画,已经证明你能够想象每个人的特点,你具有想象能力,爸爸很佩服你!你可以再进步吗?那么小时现在起,再画水浒的画,或者其他什么画,可不可以都画成连环画呢?小时每画一幅画,都想着跟上一幅画是什么关系、是什么新的故事变化延续下来,好不好?你自己联想一个完整的故事,体现到每一幅画上面,把心里想的故事,和人物的命运,就是贝多芬交响曲《命运》那个命运,都一页页连接着画出来,成为完整的情节、前后能够拼接起来的故事,好不好呀?"

小时当然很开心地答应了,他被鼓励了,他的新灵感被激发了。他自此开始,用连环画思维作画,锻炼的主要不是手笔,而是心思,他想象力和逻辑能力将更加提升。我和小时妈妈非常惬意,我们依然没有给小时请专业的画家老师,但是让小时做起了自己的老师,让连环画思维做起了小时的老师。小时长大后,如果没能成为画家,也许会责怪爸爸妈妈没有下决心专门请专业的美术家教,但是,他的想象力空间、连环画思维,一家三口任谁都不会懊悔。

两个月后,清明节。一家三口心诚哀悼了新冠肺炎疫情牺牲烈士和逝世同胞后,易小时突然奔向书桌,画起画来。稍许,执画来说:"爸爸,我以前是按梁山好汉的外号(诨号)画他们,今天想到可以按他们本来的名字画。这是我画的铁笛仙马麟,马身上全是鳞甲,腿上面都是。"我遂题签《马之鳞甲》。又一会儿,再画一幅,执过来说:"这一幅,我是又按外号、又按名字画的一个好汉,你猜猜是谁?"我见画了箭丛、花丛,即题签《小李广花荣》,问:猜对没?小时笑"对了耶"。

# 第 14 篇

# 小孩子的自辨能力

我发现,娃儿第一次自我惊讶,是照镜子。婴幼时的易小时,发现镜子里的自己,闪动有神的目光,觉得"他"很亲,但迷惑,专注看,不发笑。第二次惊讶,是看自己的照片,他很快晓得是本人,随即笑口绽开。第三次惊讶,是看到他的视频,第一时间就明白是自己,迅速欢笑兴奋,视频播放停止后,吵着"申请"播放第二遍,甚至一直闹着看下去。

察知小娃子三梯次的惊讶,我自然而然联想起几道西哲名句,第一句是古希腊箴言"认识你自己",第二句是朱光潜先生翻译的黑格尔《美学》格言"当人自知是动物,他就不再是动物,而是自知的心灵"。于是在哲学高度上产生"儿童自辨与心灵自知"的亲子体会:小孩子自辨的第一眼,是影像自讶的第一眼;小孩子自知的第一心,是影像自辨的第一心;他在悄悄问自己——这是谁?这是我?我是谁?——有得几回这样的自观自照、自问自答,他建立并强化了自我意识,他成了一个真正的人——尽管他还很幼小。

人类正因为强大的自知欲，才逐渐发明了镜子、画像、自传、照相机、摄像机、自拍杆、全息仪等技术工具或艺术品类。无从摄影摄像之前，人类除了水光中、镜片里，就只能靠雕塑和绘画观量自我。

等有了照相机、摄像机之后，人类只能一笔一划去费时费心描摹自知的文化历史过程结束了：一点一按，就能用胶片或数码，记录自己任意一刻，传神写貌立竿见影、立等可取。手机高清摄录技术的飞速发展，使得当代儿童至为幸福，拍他的人、拍摄意图密压压渗在日常生活，随时随地、随身随心可以产生刻录自知的影像精品。

我们家跟几乎所有人家一样，酷爱孩子，经常摄录，已然不嫌少、只嫌多。尤其是拍照，百试不爽，千拍不厌，间或产生兴奋不已的精品。大家不打商量，各拿手机抢镜，爸妈自不待言，爷爷奶奶外公外婆，甚至五岁的姐姐易可以，一家老小往前拍。还有衔情来看孩子的阿姨们，汇成同一个愿望、同一份经验：要想精彩，唯有抓拍！小鬼是很难调摆的，往往不听使唤、手忙脚乱，故而好的照片必须抓拍。

给孩子抓拍好的照片，让孩子不仅看长辈们、其他人的照片，也看自己拍得好的照片，是举家创作、全家鉴赏的亲情行为艺术，不仅珍存代际记忆，而且融洽成人感情，犹能启迪孩子心智，悄无声息步入人生自知。这事情太值，是父母定要给儿童悉心做好的，而且并不难做。通过摄影摄像，进行生命自知，是人生早年的妙招。当到了青年、中年、老年，固然可以延续这个行为艺术追求，却不再是自知的理想方式了,因另有更多技术、艺术形式,例如微信人际、文学、音乐、书画、收藏、园艺、体育运动等等,可以更加丰达头脑与心灵。人生剪影,毕竟是静静自忖的;世界足够庞大和奔放,须有更多宏阔的原则。金色童年,需要自知;走向青少,需明自立;人到中年,需懂自律;人之将老,则需忘我。在人生趋老的阶段,早年曾高调的摄影摄像,可能会在终极自知中降调。一个人如果走得足够快,留给世界的只需是背影。

# 第 15 篇

## 绞尽脑汁的童年礼物

送礼是人情社会的司空见惯,很大程度属于生活必需。但送礼有境界之分,礼物有情义乃或智慧之别。抛开歪门邪道的"礼"不谈,只说礼尚往来的礼遇之"礼",就有暂时的快感、长期的快慰、恒久的快乐三种境界。情义之成色、智慧之品第(注意:与金钱的多寡,没有必然关联),决定着境界高低。这一礼信观念终身有效,从童年乃至幼年开始,就可给孩子树立不错的礼信观。

佘璐和我非常注重给易小时的礼物筹备和礼信教益,哪怕他才一岁多。如果只是给孩子图个暂时的快感,不用多动脑筋,买点好吃的,他当场十分高兴,马上拆吃,你看着也高兴。这样的"礼物"当然要有,不过在家已经基本不算礼物概念,而是日常生活样式,比如佘璐买了水果回家,会对小时说"仔仔快来,看妈妈给你买了什么好吃的",小家伙屁颠屁颠奔门口。现在,小时经常对妈妈说"去超市,买苹果,买香蕉,买樱桃"之类的话,他懂了不少"口味乃至利益诉求"。做妈妈的也意识到,不能次次进家门带东西,以防造成孩子"吃货期待症"。

如果希望给孩子带来长期的快慰，那就动些脑筋，给他准备能多玩、多使用一段时间的东西。如节日的时候、生日的时候，准备些有成长节点鼓励的玩具，让他觉得自己又长大了。我们自己小时候，爸爸妈妈送日记本、钢笔什么的，就是长辈觉得小辈长大了，因此送上开始认真独自面对人生的"成人礼"。我们今天依然可以沿用上辈人的这种礼赠思维，礼物里面或少或多可以寓含望子成龙的殷殷期待直至良苦用心。望子成龙只要不过分痴迷、过度强迫，是个正确取向，龙是全民族千百载崇仰。

但我和佘璐既然想到了第三层"恒久的快乐"，就不满足于上述，意求通过绞尽脑汁、别具匠心的童年礼物，送给孩子以格致、以象征、以梦想、以向往，进而对孩子并长大后的他，形成永可生效、永在发酵的美好记忆与明智提点。做父亲的我，已经给易小时积累了两份独特的礼物。

第一件，《今日女报》"爱这一小时"专栏系列亲子散文。感谢《今日女报》杜介眉总编辑和刘艳编辑的邀约，使我对儿子的成长以"每周一歌"文字形式进行总结。终于发展为每篇文章都从一个特定的人生价值实现角度，去理解孩子的现在与将来。相信易小时长大以后，阅读父亲在他小时候写就的文字，定会很感温良、很感启迪，并时加振奋。这种对他能一辈子精神提振的"财富预存"，就是这份童年礼物的文化实质。

除了写，还要走。我是致力于"一日游"最热衷的长沙市民，截至2019年10月底，共发现不少于400条"长沙一日游"线路，今后还会续增。边走边效仿余秋雨先生的《文化苦旅》，不过他只有文字的苦旅，我却是图文并茂、逐帧解说的乐旅。相当多的线路，我带着孩子易可以、易小时一起走，留下他们童年的时光图影，永久储存下来，有点像大导演希区柯克喜欢把自我形象（作为群众演员）标识在自己的每一部电影作品中那样。说句稍显悲怆的话，将来这本旅游图记出版后，哪怕俺不在世了，小时他们都可以按照线路和图文，去重寻父亲、伯伯带他们走过的人生足迹，这是他们一辈子的独有财富。比方说，我喜欢带孩子看峨苍古树，是想让他们懂得：为什么世间万树，巍高古树最受礼敬？只因高人一尺，难免遭人嫉讽；高人数丈，反而引人景佩，这就是一辈子可咀嚼的哲理。

小时妈在礼物设计上，比小时爸更具匠心。易小时周岁的生日礼物，她准备的是生命与精神的"源地杯"和"祈福章"，是终身价值的铭刻之印。她求教于挚友爱新觉罗·楳浩，请这位才女给小时精做了未来一家四口的紫砂杯：四个杯子分赠小时爸妈、小时和未来的小时媳妇儿；给爸爸印三个字，正是生命源地——故乡"氿源里"；鉴于爸爸杯子三个字毕竟地缘狭小，于是在妈妈这个杯子上，补印旷大的"天地间"；小时自己杯子的三个字是"大名堂"，希望小家伙玩出大名堂；小时未来人生伴侣的杯子，印上喻义相爱终身的"与子说"，出自《诗经》教诲的"死生契阔，与子成说。执子之手，与子终老"。佘璐曾就此给亲友们发出短信："易小时快周岁了，我和柯明请好朋友送给仔仔的礼物，是周岁纪念的砂杯和刻印。印身刻有'氿源里—天地间'六个字，囊括小时的生命原地到未来天地。印章是'易小时平安喜乐'七个字，最简单的祝福寄语了。将在周岁生日之际,由小时爸给四个精致的紫砂杯和两枚精美的象牙印章'剪彩'。"佘璐还请好朋友郭谷斌女士帮忙联系篆刻名家,加了一枚适用范围更广的署名小篆印。

2016年,易小时迎来两周岁、儿童节等属于他的节庆,我想到两件礼物:我发现他有音乐倾好和指挥习惯,总是要求我给他播音乐,而每每听音乐,就自己挥手打节拍,有些像比较系统的指挥动作,我估摸这个习惯动作里,储藏了他的艺术未来,因此第一份礼物——指挥棒;通过新近结识的肖仙等律师朋友,打算给儿子留一笔未来财富,跟"一小时"三个字相关的部分商标名称注册(例如"一小时指挥棒"),争取精神财富、物质财富双效俱佳。

佘璐有她的高明想法。她效仿巴蜀怪才、剧作名家魏明伦先生给孩子未未、来来准备的未来礼物是,请每一位来魏家做客的社会名流、缘遇的每位文化名家,在其著作扉页给两个孩子题字,璐璐也照此给未来的"易小时先生"注入能量。目前给小时题签了的文化名家已有:余秋雨、王蒙、张炜、韩少功、唐浩明、钟叔河、龚曙光……

第 16 篇

## 怎么训练幼童说话

一般来说,男童比同龄女童说话要晚些。男童过了一岁才说得清单词,过了两岁才说得清句子。这是大致规律,易小时也不例外,到时间节点,才有得话说。但我们做父母的,仍有意加煎他的口舌、加速他的口才,主动训练幼童说话。一旦孩子开口,一个充满欢乐的崭新世界便开启了。

训练幼童说话的目的,一是为了孩子成长,二是为了举家欢谐。注重训练策略,总有不同收效。首先就是喊爸妈和喊名字。

地球人都知道,孩子说话从"妈妈"的发音开始。小时过了周岁,会喊爸妈了;之后半年,我们除去"妈妈""爸爸",还给他加载了其他信息:他自己叫"易小时",爸爸叫"易柯明",妈妈叫"佘璐";爸爸就是"父亲",妈妈就是"母亲"。这一效果是,小时从一岁五个月开始,对我们有了"三喊",经常自行切换。下班归来,他有时候喊"爸爸",这时候我欢喜;有时候喊的是"父亲"甚至"易柯明",这些时候我是惊喜!他第一句就喊"父亲",我立即联想起蒋经国对蒋介石的电影桥段，虽然和蒋家政治信仰不同，但孝心浓在那里，超越意识形态。而开口喊"易柯明"，我当场记起陈延年开口便喊父亲"陈独秀同志"的电视桥段。真够爽的，下班回家，仿佛进入重大题材影视剧和历史剧，而又是当下亲情伦理片。

还训练孩子习惯性喊出爷爷奶奶、外公外婆、叔叔婶婶和姐姐的名字，丰富了家族意味和家庭趣味。训练孩子能说出长辈们分别住在哪个居民小区，对于询问他哪天想去哪里玩，也有好处。

其次是训练说吉利话，这是中华民族优良传统的幼教，祝福人永远是对的。易小时猴年春节前夕，学会的吉利话有"猴年吉祥""开开心心""圆圆满满""平平安安"和"恭喜发财"等，见人稍一温热就能开说，大家无不高兴。保姆阿姨发挥了出奇制胜的训练作用，她趁着我和爱人去上班，经常悄悄培训新词汇，让一岁多的儿子等我们一回家就给出意想不到的祝福。

最近一次"逆袭"发生到我单位同事身上去了。出了元宵的周末，带着小时在月湖观光，正好碰上我的同事韩儒陪怀孕的妻子在湖边散步。我很高兴，提示一岁八个月的小时对韩叔叔夫妇喊："恭喜什么？"因为春节期间小时已经把"恭喜发财"说得滚瓜烂熟。孰料小时对着韩夫妇加上一句"恭喜发财，红包拿来！"妈妈佘璐猝不及防，尴尬地抱起小时开让。韩儒也很老实，害羞地说："我的车停在水墨丹青餐厅，红包身上没带，马上去拿。"我立即明白了，保姆阿姨在我们不知情的情况下，给小时刚刚增训了一句押韵的"发财—拿来"，于是害臊地说："童言无忌，请莫当真！"韩儒实在地说："车子不远，立等可取。"我惊惶地说："我车更近，马上开走。"韩儒这才作罢。回家路上,佘璐商告阿姨,以后别这样教孩子说话,可能产生误会,以为是父母授意的。我担心:"这句'红包拿来',他记下了,怎么消除?"佘璐说:"好办,赶快用刷屏的办法,用另一种记忆取代。"她立即训练儿子说"恭喜发财,万事如意",反复多遍,回家的车上就把小时的表述习惯由"恭喜发财,红包拿来"变更为"恭喜发财,万事如意"。

接下来是训练数数和背诗。一岁八个月的易小时,能够从一数到四十。我高兴于孩子能够知道二十五后面是二十六,三十七后面是三十八,说明他有了初步的数理逻辑。小时能够背大概二十首诗。训练过程是:先只要他背末字,柳宗元《江雪》开始,"千山鸟飞——绝""万径人踪——灭"的一句一字一顿,辅以李白《望天门山》,"天门中断楚江——开";然后背全诗,从骆宾王《咏鹅》开始,到李白"危楼高百尺"直至杜牧"远上寒山石径斜";现在是连同诗作者都拿下来,问"松下问童子"是谁的诗,他说"贾岛","空山不见人"是谁写的,他说"王维",而每每说到李白,他都说"李白爷爷",原因下文分解。

第四个方面,要善于灌输生活语言。我每个早晨拎包出门,孩子都知道并且说爸爸要去"上班"。我一端茶叶盒,他就说得出"泡茶",以至爷爷一过来,小时就首先对爷爷说"请喝茶",爷爷乐不可支。

第五个方面,适时培养理性思考类语言。虽说对一岁多的孩子,这多少显得有点离谱,但孩子语言的生活化,加上年龄的穿越感,十分有趣。易小时一岁七个月时,有次在车上做沉思状,妈妈问

"小时在干什么"？小家伙竟然畅快回答"想问题"；妈妈再问"想什么问题"，小家伙居然说"我爱你"，出语惊人笑爆车厢。

还有第六方面，不太引得起特殊注意，但很有效果，那就是叹词。叹词使小孩子情绪饱满，情绪越饱满越是聪明伶俐。我不能说易小时已经多么聪明和一定多么聪明，可他经常感叹标准的湖南语气词"啊吔"，就很有震惊全场的即兴效应。有次我对妻子欲行亲热，小时溜过来突地喷出一声"啊吔"，把爹妈给震慑住，只好立即收手。

最后谈一谈具体语言训练中的小方法，即怎么练效果更快。重复诵读是绝对有效的第一笨招，声音的重复，是引起孩子注意、产生孩子留忆的不二法门。前文提到的小时妈对"红包拿来"的纠偏，就是运用这一训练法。

打手势或者场景制造，是很见效的第二实招，直观感受，非常有助于孩子加深理解、加强记忆。易小时之所以一提李白就说"李白爷爷"，是因为有本唐诗儿童画册上的《望庐山瀑布》篇把李白画作爷爷像，加上一见白胡子我们就告诉孩子"这是老爷爷"，因而根深蒂固给了孩子一个"李白爷爷"。现在小时把"杜甫爷爷""王之涣爷爷""孟浩然爷爷"都喊惯了，希望唐代大诗人们天堂有知，集体笑一个！

第三绝招前面提到过，是情绪调动，用自己的饱满情绪感染孩子，让孩子带着激情，快乐学舌。

第四奇招我自己没试过，是出身幼师的好朋友钟雪菁告知我的：无论多小，都要让孩子置身真实自然的语言环境，相信孩子的天赋，不限一种言教——以湖南宁乡娃易小时为例，要让他普通话、长沙话、宁乡话、英语什么的，同时浸泡。孩子能够从小辨析多种语感，即使"方言派"也不要紧，小家伙自然分得清、装得下。钟雪菁说她的十岁儿子已经能够胜任小主持人，具有多种语言天赋；并不在于父母能说会道，而是让他从小不回避任何一种真实可感的语言环境。我心动了，打算也在易小时身上试试。

从咿呀学语，到生活化配音，到小孩子始说大人话，再到专业修养之上的职业语言，进境于自由体感的语言艺术，最后归结于老人言，是人生学说话、发端自婴幼、活到老学到老的语言素养六大进阶。谁把握得好，这辈子首通一窍。我本人至今还在学着讲话，经常训练零秒准备、脱口而出、即兴发挥等等，现在又须带着孩子咿呀呀，真是十足带劲的双重挑战。

附1：本文当事人韩儒携手同事龙雪瑶共同感言

真的要向易总学习，工作强度越大，创作力越旺盛。强压下还能有好的心态和自在的活法，简直是"爱因斯弹"的弹指神通。易总对蓓蕾教育的探索思考，值得每一个父母学习借鉴。看到小孩的生长，就能看到自己是怎么长大的，等于复现自己未知的生长史。

附2：本文当事人钟雪菁携手小字辈何玉娟共同感言

教科书式的教育方法，幸运儿样的幸福原理！

附3：小时爸爸回馈感受

亲子教育是人生重启性质的生命体验过程。我们无法忆起自己的孩提，但可以因为亲子的一举一动，重味童心的萌育与成长，重品父辈的甘苦与炎凉。

# 第 17 篇

# 姐弟情深，始自童贞

## 如何建构人性之初的哲学认知

国家全面放开二胎政策之后，竟然看到几次报道，某些家庭的第二胎难产，既非身体原因，也非经济原因，而是独生子女在"抗议"。疑似成为"小皇帝""刁蛮公主"的老大，放出"狠话"，如果爸妈再生一个弟弟或妹妹，他（她）就"离家出走"，或者"大闹天宫"。这年头，为了第二个孩子"小荷才露尖尖角"，弄得第一个孩子"少小离家老大回"甚至"金猴奋起千钧棒"，父母怎能不被怔住。部分父母对于是否生第二胎的犹豫，果真是受了掌上明珠的"威胁"所致。这种现象貌似是计划生育"独宠后遗症"，问题谈不上普遍，但毕竟已出现，让人哭笑不得，更马虎不得。显而易见的问题焦点是：儿童为何会生出"私心"打翻"醋瓶"，为了自己被"父母宠爱在一身"，宁可拒绝胞亲弟妹的降生与相伴？孩子这种"醋"与"私"的反应，是童贞的反映，还是"童不贞"的反映？

对这个亲子教育中新生问题的回答，就从"童贞"的解读开始。到底存不存在带普遍共性的童贞，或者说童贞到底是什么？

几乎所有人都相信童贞的存在。古人笃信《三字经》的"人之初，性本善"就是童贞；今人期盼和欣慰于"天真无邪"的心态与状态，认为天真无邪发自童贞，或者说天真无邪正是童贞，童言无忌出于童贞。

比较多的看法认为，童贞就是人生最一开始的本心初心（难怪三国袁绍字"本初"），初一简单的本能需求，不多心更无歪心，不是思之不得，而是思之不及。换句话说，"小孩子没那么多心眼"，这就是童贞，"本来无一物，何处惹尘埃"（慧能偈语）的贞之洁。以哲学的态度，对"童贞"的一般理解是：自己要而不挤对人，这就是性善童贞、天真无邪的本初品相；幼儿不能行走、须人终日抱养的生命第一周期，当是最无疑的"童贞"。

如按上述判断，则儿童的醋私之心，该是"童不贞"的，因为排斥他人。我却另有看法：一是，前贤之所以有性善性恶之辨、性无善恶之说，皆因为人从稍微懂事开始，也就是告别婴幼、走向童年的时候起，便表露出人性善恶的某些萌种，并非单一善、单一恶、单纯无善恶。初始形成的人性，也就是人性发端的童贞，包括浅善、浅恶、无善无恶等至少三种构成。二是，童贞期不可能有深善更无至善，也同样不会有深恶，更绝无大奸巨恶；人性从浅善、浅恶、无善无恶"三合一"开始。三是，真正完整的人性，包括一生的人性变化，没有一成不变的固定模式，必定是动态变迁相拼与最终以死定格。四是，故而，人性的修为绝不是"本来无一物，何处惹尘埃"的单一贞洁的人间伫立,只能是"时时勤拂拭,勿使惹尘埃"(神秀偈语)的终身保养、终生完善。

儿童的醋私之心,可套"存在的就是合理的"(黑格尔格言),仍然属于童贞的合理范畴,是基本无害的"浅恶"而已。浅恶与浅善都是早期人性的当然构成,再正常不过,父母大可不必为孩子的醋意私心而自责光火。

但是,"存在的就是合理的"这个"理",只是阶段性客观存在的秩序逻辑,不等于恒常性应当存在的道义逻辑。高于秩序逻辑的道义逻辑,也即价值观,必须对全社会起核心引导作用,否则,这个社会就没法反欺诈、反腐败了。

## 如何破解孩子早期的醋私之心

再来分析孩子早期的醋私之心,"独宠后遗"这个问题正常,但仍然是个问题,虽属哲学"浅恶",亦须设法解决。蜀汉先主刘备对后主刘禅交代"勿以恶小而为之,勿以善小而不为",即是从"浅恶"抑"深恶"止"巨恶"、从"浅善"扬"高善"趋"至善"的价值观提醒。父母对于孩子的醋私之心,要冷静理智,找到方法,抑扬顿挫,疏导解决。

我视若己出的亲侄女易可以,与小四岁多的易小时姐弟情深,如同胞亲。靠什么?就靠始自童贞的道理教化和亲情保育。其实,易可以在弟弟出生后,从爷爷奶奶那里、伯伯和璐妈妈那里,甚至自己的爸爸妈妈那里,都会有感"分量失重""地位失衡"。当《今日女报》在刊发《你看你看小时的脸》登出弟弟照片，而易可以发现没有自己的照片时哭了，表现出可爱的醋私的童贞。她醋丝丝地说，"伯伯只喜欢弟弟，不喜欢我了"，弄得她的妈妈哄了好一阵子。易小时目前还太小，不会对于姐姐从长辈处获得的关爱生出什么感想，但易可以是敏感的，这就需要我们怀着"姐弟情深，始自童贞"的培养目标，在道理、亲情上，用一些好的做法，让他们相亲相爱。

第一个做法：遇善则鼓励。只要孩子生出善念，立马表扬；孩子做出善举，隆重夸奖。如此孩子便被引向有益于自己也有益他人、有益他人才能有益于自己的正确方向。小伙伴滑倒，我们的孩子一定要去扶。易可以、易小时之间，姐弟扶助是铁则。

第二个做法：见利要让利。有的父母认为，从小得培养孩子的性格强势，尤其男孩子要教给他"寸土必争、以牙还牙"的道路，这样可以一辈子不吃亏。我不会这样做，倘若均衡的强弱势不可得，宁可让孩子从小示弱，决不让孩子恃强凌弱；孩子在外示弱了，还有家庭温暖、振奋他，而示强特别是逞强成为常态，要收就难了。分享是利益教导的关键，好的东西，要与小伙伴们分享，而且要优先好朋友。姐弟之间，产生同一兴趣，必定要求姐姐谦让给弟弟。好吃的东西（包括自己最想吃的）还必须姐姐喂弟弟。越是这样，姐姐越能从弟弟得到的快乐中得到她更大的快乐！如此近往，能建构起孩子把自己的快乐建立在别人的快乐之上的生活态度；如此久往，见利让利成为积习，见利忘义终可绝缘。

第三个做法：和你在一起。要创造条件，让姐姐、弟弟多在一起，做游戏，搞学习，姐姐做弟弟的活动药引、行动榜样。写写画画的，两姐弟互认名字、共数数字；载歌载舞时，要么同唱同跳，要么一个表演一个拍手，朝"你是我的欢乐"方向走。

　　第四个做法：好好讲道理。讲道理的过程，是最有意思的过程，互动互娱，对孩子的成长帮助是最大的。要周到圆满，就要不厌其烦、一五一十地想清楚、讲清楚道理。例如前面说到的易可以对《今日女报》只刊登了弟弟照片却没有她的而吃醋，妈妈杨婧就是这么对五岁女儿讲的："报纸上这个专栏叫'爱这一小时'，跟伯伯约稿的编辑阿姨说了，只能写伯伯自己的孩子，而且是幼儿阶段的孩子，因为大家要去观察这个幼儿的成长过程。你是五岁的姐姐，不适合这个要求。等将来有机会，伯伯写你和小时姐弟情深的文章时，就会有你更多的展示。你不要不开心哦，不是伯伯不爱你，是没有等到合适的机会。"姐姐想通了，接受了妈妈的解释。现在，我也已经有个想法，易小时还小，等他再大一点，只要不涉及姐弟之间个人自尊的事情，要拉着他俩一块儿听讲道理，互映互照，互启互发，相信效果会不错。

　　以上"姐弟情深"的四个做法，本质上说，概括地说，是对"始自童贞"的"浅善"的擢拔，和"浅恶"的遏制。

　　回到最前面的社会话题，如何引导独生子女成为妈妈怀二胎的正向推动力？绝大多数父母都有耐心，能通过各自成功的"思想政治工作"，渐渐赢得原独生子女对新胞弟胞妹的"欢迎欢迎，热烈欢迎"。我的好朋友黄宪夫妇就成功开导八岁长子黄嘟嘟，热忱欢迎妹妹黄小米羊年降临人间，兄妹从此携手走向全面小康。黄宪怀上第二胎之前，发现黄嘟嘟逆反未来小米，便采取孟母的"环境保护法",经常把嘟嘟往一家四口的友人圈子里带,结果,嘟嘟看到许多同龄人炫耀自己有个弟弟或者妹妹,逐渐"眼红",居然主动向妈妈申请"还是也给我生个弟弟妹妹吧",他反成为"家庭人口规模扩张改革发展"的主推力……各家各有招,我们也在吸收。我家对易可以、易小时既有的倾情培养,并不高明,仅算是万家灯火的一分烛照,但从"童贞"开始的情理思考,应有着普适的启迪。

易小时自画像

易小时自画像

绞尽脑汁的童年礼物

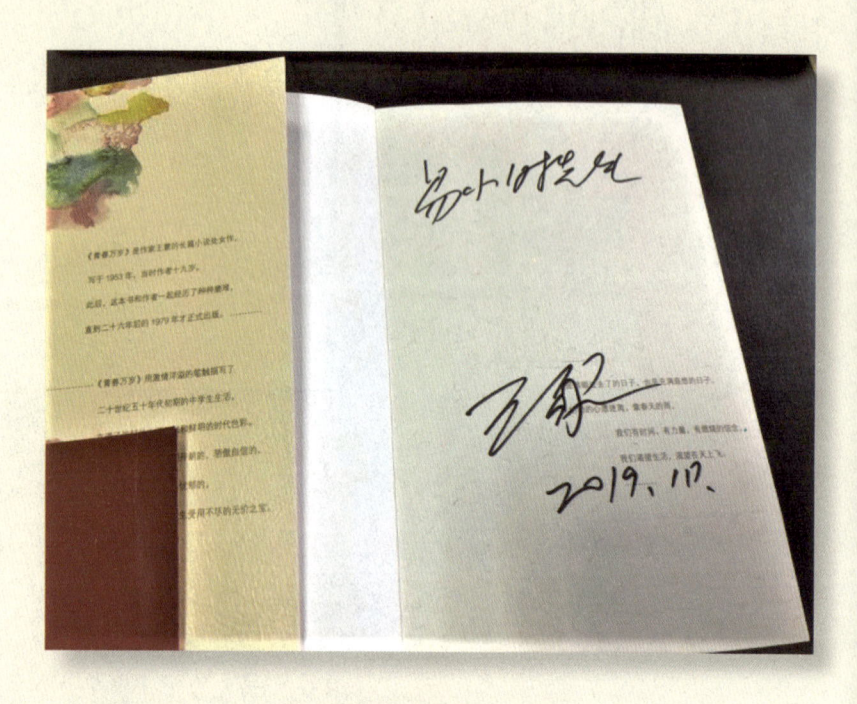

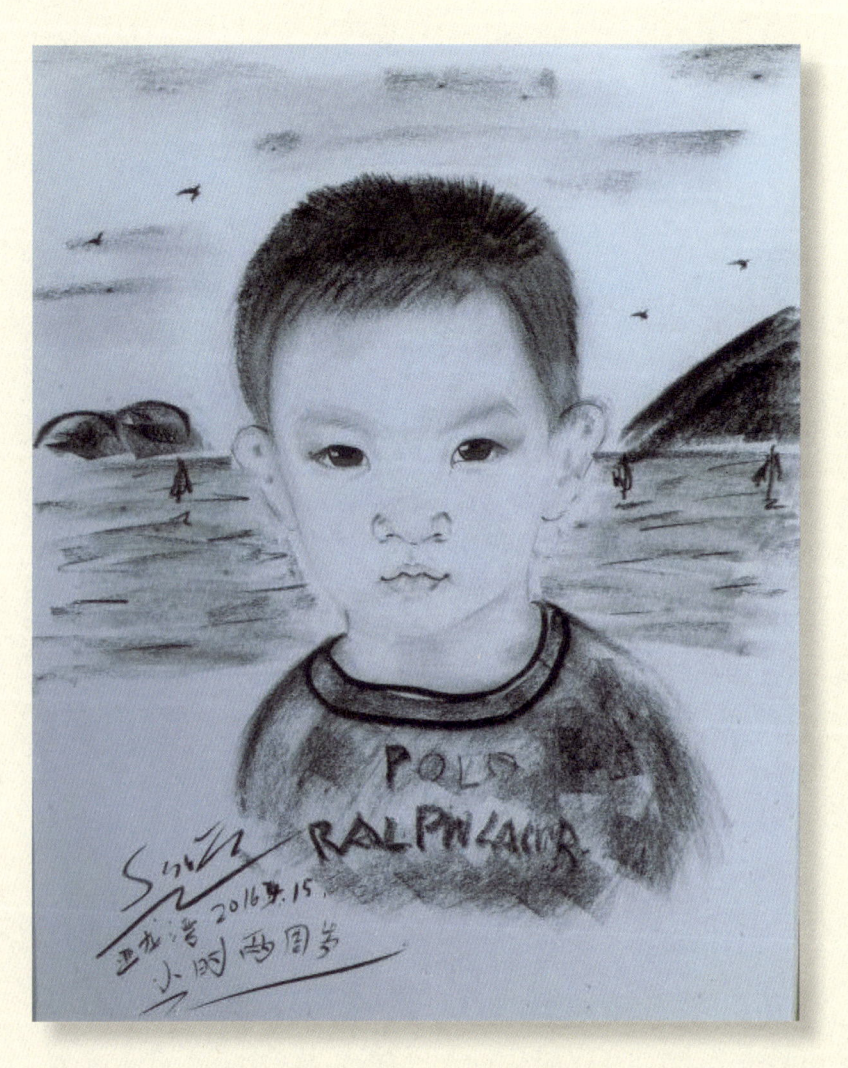

绞尽脑汁的童年礼物之素描

阳刚"军人"易小时

# 第 18 篇

# 易小时的《爸爸说》

亲子教育读物《爸爸说》火爆流传。

网红的《爸爸说》有三个特点,故受到无远弗届的欢迎。第一,它提炼出一个个直截了当、孩子必具的品格修养主题,"自尊""自爱""自律""自强"等,直击父母关切与亟须;第二,图文并茂,情节生动,喜闻乐见,适合父子"奇文共欣赏";第三,宽以待人却严于律己的气场,让读者不感逼仄、羞恼,感情上愿意接受。

这第三点,得具体说细。《爸爸说》流行的背景是,在孩子对人生道理刨根问底、社会环境却存在部分不文明现象而致道德要求与现实表现产生"两张皮"的情形下,如何撮合全社会对价值观从小扎根的深沉渴求,与社会现实很容易在小孩子面前一开始就展现出偏离价值观的实际状况的忧虑甚至恐惧——《爸爸说》在这些方面做成了。作者聪明甚至高明在这里:对于现实生活中的成人不文明现象,不是一味鞭挞,而是给台阶下,所以大家舒舒服服地反省、调校自己。

《爸爸说》展现"明明红灯停、绿灯行,为什么那么多人闯红灯"这个问题,爸爸的解释是"他们可能有急事",这是宽以待人的善意;"餐馆吃饭为什么旁边一桌那么吵",爸爸解释"他们应该是有很开心的事情",也是宽以待人的善意;然而话题一回到自己孩子身上,爸爸又讲原则、讲道理,这就是严于律己之风,故此能打动人。

回到我自己针对易小时的"爸爸说"。对这些问题有三种回答的办法:(1)脑筋急转弯的、寓教于智的启迪式回答;(2)一本正经的大道理回应;(3)循循诱导的、寓教于乐的小道理故事型回复——我觉得对于孩子的头脑,不只有"华山一条路",孩子容得下、听得懂多种启教法。我会根据情况、环境的差异,分别采取不同的方法回答,有时还需要主动设问设答。

一般来说,对眼见为实的生活细节,采用脑筋急转弯式的回答或者小道理故事型回复;比较抽象的设问,就采用大道理回应或者小道理故事型回复。其中,小道理+故事,是万能钥匙,孩子欣与闻。

像"为什么那么多人闯红灯"的问题,我会采用脑筋急转弯式的回答:"因为他们眼睛不好使,看不清。就不该从小玩手机、看电视不控制时间,把眼睛看坏了、近视了。所以小时得注意保护眼睛,你看闯红灯多危险,闹得汽车被迫突然停下来,万一没停下可不就撞人身上了。"这个回答的好处是,解了当前的答,还多给了一个"少看电视、少玩手机"的告诫。

像"钱越多是不是越幸福,有钱人是不是最幸福"的问题,我会选择讲大道理:"不管拥有什么,都是幸福的。钱是物质财富,可以用来买吃的、买玩具和帮助别人,有钱当然是幸福的。但是拥有精神财富会更加幸福,因为物质财富总是有限的,数得清你有多少钱。而精神财富无限宽广,一辈子都追求不完,所以更加有意义。"易小时一岁十个月就能全文背诵李白《将进酒》,我问小时"天生我材必有用,千金散尽还复来"是谁教给我们的,他能说出"李白爷爷";我会对小时说:"李白爷爷给你这么好的精神鼓励,你需要给李爷爷付钱吗?不需要呀。所以钱不是那么不得了的。"我会接着告诉儿子:"世界上最幸福的人,一定是人类历史上能产生最大时空距离影响力和感染力的人。他们无论隔多久多远,都能感动我们每一个人的精神世界,使我们变得善良、智慧和坚强。"

我还要对易小时说:"爸爸妈妈拥有你是幸福的,你拥有爸爸妈妈也是幸福的。亲情是用钱买不到的,所以亲情也是高于金钱的幸福。"

——我知道,这番关于幸福的"爸爸说",还不能一次性用于不到两岁的儿子身上,那今后就根据年龄段,加码"爸爸说"吧。

# 第 19 篇

## 从幼儿阅读到终身阅读

2016 年 3 月，易小时一岁十个月，不仅已能背诵 30 首诗词、对联，像陈子昂《登幽州台歌》、郁达夫"曾因酒醉鞭名马，生怕情多累美人"等，还能说出题目、作者。让爸爸妈妈大喜过望的是，他已经能流畅背出李白长诗《将进酒》，和苏轼《水调歌头·明月几时有》、毛泽东《沁园春·雪》等具有相当难度的长短句。有长辈认为这算一种"早慧"，我和夫人璐璐却认为这只是注重幼儿早期阅读的常态。小时一口气"君不见黄河之水天上来，奔流到海不复回"直至"与尔同销万古愁"，不全因我们的灌输，也因为他形成了自身早期的阅读兴趣。

易小时受到的是"贯读"而不止是"灌读"。幼读必然起始于大量的读图。由于常读图文并茂的画书，小时不仅对数字、汉字、英文字母等很快敏感，也对"长城""好望角""布达拉宫""威尼斯水城""古罗马斗兽场"等世界名胜古迹分得清清楚楚，更对大量的物品物件、物态物象感兴趣。随之施以"图本熏育＋现场启育"，探索出自家的"幼教贯读法"。"贯读"就是把书本画面和生活场面直接连贯，随时随地、随身随心、随机随缘地现场比划启发。逛超市，面对水果鲜花、日化用品，逐一指述，就是对画本的延伸"阅读"；走在街上，识别公共汽车、摩托车、单车，甚至奔驰、宝马等标志符号，就是对交通工具的活化"阅读"。生活无处不在，阅读也无处不在。

白天活化讲述的大量铺垫，睡前深化记忆更见效果。我们发现，拿着画册与孩子一同浏览阅读（图本熏育），在各个场景就着实物实景一起辨析阅读（现场启育），睡前再加把力带着孩子回归"看图识字、有声读物"等等，就容易记牢，也容易入睡。睡前背诗词效果好，也是一并摸索出来的。易小时喜欢这种动静分明的熏育阅读和启育阅读，两者都能习惯，自己越读越爱。

我把上述体会，向好朋友潘晨曦分享并求证，她的孩子熊淏玘比易小时大两岁，更有经验。潘女士给予肯定，尤其赞赏我无字天书般的现场启育法。她看得远，反问："你对易小时未来的阅读，也有什么想法吗？带孩子，想远一些好。"我于是说了这么一番，从幼儿阅读直至终身阅读的话——

易小时还不到两岁，当今科技及整个社会已发生"人类万年未有之大变局"，不但难以明判未来的阅读习惯，而且难以明断未来的学习规则，包括学历程序。我只能暂时拿着老尺子，丈量新码子。姑且依照传统，把小时的人生阅读分成五大阶段：幼儿、小学、中学、大学、社会终身学习期。

幼读阶段第一原则是"贯读"，已经说清楚了。自人生阅读第二期起，要分清书类别和书性情。这辈子该读的书，除第五类——社会生活无字天书（例如做父母的、当领导的言传身教）外，大致可分四类：第一类，课堂上的书；第二类，经典名著（含常用工具书）；第三类，畅销书；第四类，全媒体信息以及工作生活通常接触书。这四类书，比照不同的人生周期，可形成不同的阅读性情。小学、中学、大学三阶段，都必须首先读好相应的课堂书。学生时代，老师和家长均应坚决抵制课堂上不好好学、课外书看得津津有味的跛腿现象。课堂书也即课本、教材，一般都是人类文明精华荟萃，是一大堆教育专家反复研究总结编成的，几经修订，很有涵养、章法，符合人生成长之路的素质门径要求，必须率先认真掌握，而不能舍本逐末。要在先学好课堂书的前提下，再去读课外书。想起两个词，"锦上添花"而不能"釜底抽薪"，课堂书就是这块"锦"，好的课外书才是锦上添的"花"。

小学阶段，读书习惯亟待优良塑形，以"惜读"为第一原则。一是珍惜时间，告诉孩子"寸金难买寸光阴"，一有时间就好好念书；二是珍惜读物，绝不是所有的"书"都值得读，大量的阅读垃圾要清除，多量的浅薄价值读物要让位于深永价值读物。知无涯而生有涯，从小学开始就要让孩子脑袋中扎根一个重要意识：生命没有足以虚掷的时间成本，珍惜时光，只读好书。好书，就是那些统含或富含人类文明常识、社会历程知识、人生成长果实，让童年、少年得以心灵开扇、脑门开窍的优秀著作。要带着珍惜心情，选择阅读这样的好书，填实少时的读书光阴。对于小学孩子，我特别看重的两套好书是物理的《十万个为什么》和人文的《上下五千年》。

中学阶段以"通读"为第一原则。通读是为了扩张视野，主要培养孩子见多识广。一是开始目的性阅读经典名著，二是开始倚赖并驾驭常用工具书（例如《现代汉语词典》《辞海》、百度百科），三是经常浏览媒体信息，四是适当看看畅销书。如果说幼时的"贯读"只是表象地搭配阅读对象，强化信息熟悉程度，青春期的"通读"则是由浅入深的关联阅读，寻求一通百通的智慧可能。以众所周知的2014年马航失联新闻为例，培养中学生关注马航失联，通过新闻进展带动孩子连缀式、坡度化阅读，不仅能给中学阶段的孩子有效传输生命救助意识，更可以把飞行物理、航行人文等各方面的背景知识，作为常识或者新知，乃至深度知识，传授给孩子。甚至可能影响到孩子一生的志趣，例如有的孩子想当航空专家、新闻记者，也许从这时候就开始了。一个人一生专业的真正定格，极大可能是从中学阶段的新闻关注开始的！这种书本与生活、信息与社会之间互联互证的阅读，也即通读，若中学阶段崇尚推重，对人生成长最为有利。

大学阶段当以"透读"为第一原则。但求读透几本、参悟至深、终身受用。我主张大学阶段的透读，以经典名著为主，以畅销书为辅。一般不要以畅销书为重，不是时候。深度读书其实是很辛苦的，耗时费心；大学读书更分外甘贵，难于再造；畅销书仅仅经过市场的检验，尚未经过文化思想的历史定格，"透读性价比"划不来；反倒，一个大学生，哪怕三年没读过一本畅销书，只要他读熟了《红楼梦》或《时间简史》，一辈子都不得了！

到了第五个读书阶段，也就是参加工作后的终身学习期，就可以用"畅读"作为第一原则,能管上一辈子。课本、经典、网媒想读就读,畅销书、热门书一览无余,让个人生涯所处时代所畅行的全部知识信息,像高压水龙洗车,冲刷自己的精神架构和思维层次,终身如此!

目前,易小时还在幼读阶段,等他一路长大,参照爸爸留下的这篇"贯读→惜读→通读→透读→畅读"五阶段读书经,按照世情实际变化所提供的新的阅读可能,去自行决定阅读习惯。至于社会生活无字天书,该怎么"阅读",只要易小时关切社会、热爱生活,就会懂的!

潘晨曦说:"你把阅读说得这么硬朗,那你希望小时将来达到的阅读目标,到底是什么?"我说:"阅读的目标,当然是为了精神世界的极大丰富,使自己终身强大,从内心强大开始撑起。阅读和写作,都属于人生最重要的精神能力,希望儿子尽早具备这两种能力,并从阅读开始储备这两种能力。他的阅读标准,高永无止境,低一点说,至少达到能给自己煲出香浓的心灵鸡汤的能力。他可以终生不会煲鸡汤,但他必须从小学会煲心灵鸡汤,这就是我对儿子阅读成效的最低要求。"

晨曦姑妈说:"我终于发现,你给小时写系列文章,不光是具体讲如何带孩子,还包括通过孩子悟人性,甚至是透过一人看人类。"我说:"至少是在给所有孩子和家长,备一份香浓永在的心灵鸡汤。"

# 第 20 篇

# 喜剧的诞生

人的一生,到底有多少个成熟的爆点,把生命态度和生活质量推进到焕然一新的亮色,从而感知与挥发"人之为人"的顶级力量,可以与天地、人类平齐,长舒丹田,快慰心海?

这往往叫作极致体验,至少包括:出生一刻、上学之初、心仪刹那、婚礼时辰、当爸当妈、升职那会儿、出国头遭、大作问世、领奖瞬间——当然,这里所列,只涉及喜剧而非悲剧的,亲子哲学,言喜不言悲。但总合说,肯定是那些喜喜乐乐、悲悲切切的极致体验,以非常时阶,大大催熟人生,才活得拽味,像多乐章的、平平淡淡交交切切轰轰烈烈的命运交响曲。

这一切成熟的经过,像一场完整的漂流,它的起点在哪里——也就是,我们把握孩子成长成熟的"人生起漂点"在哪里?"人生落漂点"不用想,谁都会知道,瞑目嘛。那——"人生起漂点"呢?

一般认为,人的青春期,是人生成熟的起点。从生理上看,这种观点有道理,"成人礼"毕竟随后发生,人就此独立承担社会责任,包括法律责任。但我还是心理学派的信徒,过去已经认为,人学会第一刻思想,展示自知的心理活动,就开始了"人之为人"。随着抚养易小时的亲身感受,继续认识到:人生成熟的真正起点,在于自知环节的重要爆破——那就是性格维度,那就是有了性格!有了性格,就有了戏剧——生活的戏剧!

人类的一切悲喜剧,归根结底并非利益的悲喜剧,而是性格的悲喜剧。悲剧占去半壁河山,构成"人生落漂点"的颜色——那就是生命的凋零与死灭。曹雪芹写的《红楼梦》为什么那么打动人,王立平谱的《葬花吟》为什么那么打动人,都因为写出了这个彻尾的、最终的悲剧。

但悲剧,并非彻头的,它自何时诞生?大哲人尼采已经在《悲剧的诞生》中告知我们,悲剧"不是源于人类内心的和谐,而是源于他们内心的痛苦与冲突,因为过于看清人生的底——(易注:指终归离世)所以产生日神和酒神两种艺术冲动,要用艺术来拯救人生——艺术乃是人类所了解的人生底——之拯救的最高使命及其正确的超脱活动"。这确是惊世骇俗的人生洞见,一口气揭示了"悲剧的诞生"。

人人所幸还有喜剧。人人最大的喜剧是:活出来、活下来的居然是我们!我们都有生命的开头,我们"战胜"了无数精卵组合的兄弟姊妹出世的机会,成就了我们自己的生活机会——我们一定要感谢无数胞亲的"谦让",好好为父母的精血而活着!我们只不过是父母所有生育机会的最有幸代表者,因此必须怀着毫无保留的感恩之情,好好地活!于是,我要坚定表达之于尼采的另一极态度——

喜剧也需要诞生，喜剧早已经诞生：生命的彻头，必然是喜剧！

喜剧的诞生，于我们自己，正是孩提时候；于我们的孩子，则是发现与培养他的自知的初期。而作为喜剧诞生的标准自知，乃是性格的诞生——人开始有性格。

喜剧的诞生，一定是性格的诞生，没有性格，何来人生的色彩，更何来人生的精彩？性格的诞生，又一定是喜剧的诞生，小孩子的性格能够带来什么家庭问题、社会问题呢，都是成人的问题嘛，单纯孩子自身不会有悲剧——孩子性格的诞生，就一定是喜剧！

2016年三四月间，还没满两岁的易小时，开始有了性格，开始上演喜剧，开始人之为人，开始创享人生。让我们观看三幕"性格演员易小时"，体会生命的精变，体会喜剧的诞生——

## 第一幕　超级监工

2016年3月12日，植树节清晨，易小时像千家万户的孩子一样，上演了人生第一幕喜剧，"幼童笑星"如期诞生。

平时工作日，爸爸妈妈为了顺利出门上班，教会了孩子一句话："爸爸要上班了，妈妈要上班了。小时跟阿姨玩。"从3月12日这个星期六起，一贯起得早的小时起得更早，居然来驱赶父母起早床，振振有词："爸爸去上班！妈妈去上班！"周日清早，又来驱赶。从此双休日、节假日，爸妈再无赖床的宁日，这个一岁十个月的"超级监工"，作为最忠诚的"人力资源部考勤员"，开始了对小璐柯柯"文产夫妻配"的劳动用工巡视督查。

每每这时候，我被迫起床，提起公文包，装模作样在客厅及门口兜一圈，带包转进洗手间，方便一通再出来，放了包继续睡觉。小时流露出疑惑但也不再强制的眼神：爸爸，你真的去上班了吗？

以上还只是性格直白的喜剧，以下却已是"宫心计"般的喜剧。

## 第二幕　炒鱿鱼

3月下旬，像鲁迅先生《阿长与〈山海经〉》般乐道的我家保姆贺阿姨因家事辞行，易小时大哭。贺阿姨对配合我们培养小时作出了卓越贡献，她原本背诗不多，但由于由衷喜爱孩子，与小时一起背熟了很多诗词，两人经常上句下句互相接龙，背下超过了30首诗词。贺阿姨走后，找来一位年纪略长的大姐，她由于上一个孩子带了两年没一次感冒的，被家政公司极力推荐，我们动了心。

新保姆来了后，不知是小时对贺阿姨感情深，还是别的什么原因，对她不甚搭理。大姐穷尽努力，璐璐也几次"撮合"，孩子仍难与保姆待到一起。意想不到的情景发生了：

连续几次，新阿姨一亲近，小时就念念有词，"独在异乡为异客""少小离家老大回"的，偏偏这阿姨愣是接不上来，小时遂摆出一副瞧不起人的样子，扬长而去，直奔相反的房间。

阿姨要喂他牛奶，他也不是那个见着吃的就改笑脸的小家伙了，依然先要"盘诗"，阿姨对不出就不肯吃。

如此几番，保姆大姐泄气了，对璐璐说："我年纪大了，背不下这么多诗。小时是个神童，我得走。你找个有知识的阿姨吧，可不能糟蹋了他。"璐璐急得眼圈泛红："大姐可别，拆玩具都不会、滑滑梯都不敢的孩子，哪是什么神童。小孩子不懂事，您可别计较。走不得！"大姐说："我是真心的。没见过这样精灵的孩子，我伏他不住的，真别糟了他。"

保姆大姐执意走了，也没提出用工补偿"N＋1"，我们夫妻在各自单位双双分管人力资源、劳资纠纷，很不好意思。而小时还是满口"每逢佳节倍思亲""笑问客从何处来"。再下一个保姆，璐璐被迫把能背诵十首以上唐诗宋词，作为了考察项。

一个一岁多的小孩，因为阿姨不会背诵诗词，就"用脚投票"，把爸妈欲挽留的保姆给"炒了鱿鱼"——我把这事儿，告知了国家一级作家薛媛媛。媛媛老师叹说："这简直是小说素材了！"

## 第三幕　相见时难别亦难

4月2日，在去湖南浏阳普迹一日游的路途中，教会了易小时背诵第33首诗。因为璐璐和我特别着迷吴碧霞女士演唱的如泣如诉的《别亦难》，于是把李商隐的《无题》教给了他。

普迹夹洲岛摆渡，小时遇见了一个比他略大些的绿衣小姑娘，白白净净、漂漂亮亮。面对浏阳河绿漪、小姐姐绿衣的双重"秀色可餐"，说了很多"哇嘀"后，分开时，小时望着绿衣小姑娘，突然甩出一句："相见时难别亦难。"我惊呆了，简直惊绝了！他不是真懂，更不会真懂，这只能说是喜剧！他已经有了自己的一丁点儿性格，这些性格在酝酿和流淌一幕幕生活喜剧……今后，还会！

孩子，谢谢你一岁多的时候，就告知了爸爸，什么是喜剧，什么是人生，让爸爸看到了从未自知的一岁多的自己。爸爸因你而知道：喜剧，是人生最重要也最需要编剧导演、领衔主演的性格故事与文化精神。唯如此，我们每一个人，才能向着莫测的未来，欢笑前行，呼啸前进！

# 第 21 篇

# 孩子的理想

在做《马栏山新闻早餐会》直播评论时,我被问及"孩子的理想"这一话题。新闻由头是,广东深圳某个小孩子在作文中谈理想,称"想当一名房东收租",因为他羡慕"爸爸坐在家里头就能收取租金,而且去收租的时候,很有做老板的威风"。主持人吴浩、慧琛问:"孩子的这类理想,正当吗?成人是一笑而过还是该谨慎对待?如果发生在自己孩子身上,怎样引导为好?"孩子的理想,是重大家教课题,关乎天下亿万茁苗如何仰望阳光雨露,不久以后也必然发生在易小时身上,我必须认真做出判断,审慎作答——

"房东"能不能作为一种理想?正因为人们一般认为,理想是最高的人生追求,应充满高昂的精神志趣,能焕发高贵的精神价值,因而觉得"长大后最想当房东"刺耳。"房东"不就是几处房产的小老板吗,何谈精神生命之高蹈,未来生活有什么想象空间可言。

我倒认为,"房东"作为人生理想之一,也是可以的。如果我们提倡孩子"长大后当一名科学家",或者"宇航员""解放军""医生""老师"等从不怀疑其正当性，那么"房东"也没有什么不可以。"房东"也可以是高贵的，只要善于引领、成全这份职业或这份家业的可贵之处，积极影响到孩子即可。甚至足以认为，任何合法职业都是高贵的，既然它能够在人类社会产生、存续，想想环卫工人、公交司机、食堂大厨、殡仪师傅、社区保安——只要任何一门职业能够召唤道义人格和专业品格，就能够面向下一代，描摹愿景，比划价值，赋予憧憬。

这里可以揭示理想的科学构成：理想未必是单一层面的，它可以单层、双层甚至多层。任何理想得以现实化，就不能单一高悬，导致高处不胜寒。有世俗的理想、典雅的理想、崇高的理想；同一理想有世俗层、经典层、圣坛层，一体三式，看人的理解能力和把握能力。卓越的人，能够从"房东职业理想"看出一体三式，把握世俗—典雅—崇高全程。而平庸的人，只能看到房东的世俗面，误认为房东的理想唯在世俗。

"房东"作为职业或家业，可以实现富足的物质价值、高贵的精神价值的理想融合。深圳这个孩子的"房东梦"，貌似远远比不上为国为民的顶级理想表达，我们当然更应该推崇志存高远的理想担当，也完全可以从小抓起，让我们孩子念叨"爱祖国、爱人民、爱社会主义"和"想当大科学家、大教育家甚至大政治家"。但是，"取法乎上"的人生理想，是无数"仅得乎中＋取法乎中"的现实生活所托举的，不能鄙夷"乎中"的实体生活乃至"乎下"的实际状态。"房东"这个理想是平实的，没有好的房子，撞不着好的房东，谈何安身立命、随遇而安、让梦想飞？"房东"这个理想也是正当的，改革开放抵进房地产领域以来，无数房东为社会安居乐业作出了巨大而密集的贡献。因而"房东"的理想也是可取的。

为什么孩子谈想做"房东"就搞笑呢？问题出在他"房东梦"作文中流露的坐享其成、耍威风、偷懒的倾向。问题不大，只需破掉孩子不懂事这层表皮，给他幼小的心灵萌种"奋发有为美""助人为乐美""珍惜韶华美"三棵最具成长性、最具成就力的新芽。

如果这篇作文是易小时写的，我不会生硬掐灭他的"房东梦"，而要就地植绿生花，引导孩子放大房东理想的正向要素，使孩子自行断弃不劳而获欲念，把哪怕一个再普通的理想也焕发出理性光芒和情义风采。

具体到"房东"，我会这样教育孩子——别人的东西都是别人的，自己付出努力得到的东西才是自己的；爸爸妈妈的房子，国家是规定有产权期，不是无限期就能给自家孩子享用一辈子的；爸爸妈妈的房子也不是爷爷奶奶留给的，而是自己奋斗得来的；你自己也要努力奋斗，才会有自己的房子；而且你还要付出比别人更多的努力，才能拥有多一些的房子；没有多一些的房子，你自己要住，又怎么能把房子分租给别人呢——如果你有多余的房子租给别人，方便别人的生活，这是你的贡献和价值；好事做到底，你把房子租给别人，就要让别人活得更好，所以你装修房子时要美观实用和环保健康，要根据房客特点给他配备环境设施，如果有跑步机等健身器材和钢琴等音乐器械，让房客享受超值服务，你不就是一个与众不同的更优房东吗？——但如果你不够努力，又怎么有更多的钱去买跑步机和钢琴呢？而且，你把房子租给房客了，你收租金只要一天甚至一小时，别的大量时间去干什么呢？生命的时间是有限的，就像爸爸妈妈陪你的时间也是有限的，所以要珍惜光阴，把你当"房东"收获的金钱和节约的时间，好好去办更有意义的事情，所以除了做好"房东"，你还会有其他职业和身份的——比如你可以畅游全国当画家、摄影家，给社会创造更多精美的艺术品，你还可以拿这些房租收入，去做公益慈善，助人为乐——所以孩子你看看，世界多么博大，生活多么美好，时光又多么宝贵，你要不断珍惜和奋斗，哪怕人生理想是从做一名房东开始，也不会坐着不动、不走、不理，而有更长的路途，等待你带着更大的雄心壮志去跋涉——话说到这一步，尤其要告诉孩子：一切职业，没有最好，只有更好；你的理想，就是想做什么，就在那个领域作出新的极致，推动社会进步，完善众人生活，不负自己的年华！

如此说，不是接地气、贴人气的理想教育吗？对于孩子的理想培养，最重要的是让他善待人生的每一条路，认清每条路上最美的风景，并且参与成就那段最美风景！当然，我本人也是一个不断攀高、向往崇高的理想主义者，我们不能因为肯定平实而消解崇高。如果我能够把孩子引向学爱因斯坦和苏东坡，当然高于"爱因斯羊毛毯"纺织淘宝户和做"东坡肉"的厨房师傅。人生理想永远当如大哲人康德向往的"位我上者，灿烂星空。道德律令，在我心中"，那叫作境界。

# 第 22 篇

# 三个母亲的母亲节

2016年5月8日星期日,母亲节。佘璐晨醒,没满两岁的易小时在床沿边对着她笑,一字一顿喊声:"妈妈,母亲节快乐!"佘璐顿时泪流。这是我对孩子小时的秘密培训,和对孩子他妈的情感突袭。尽管这一招不难想到,但出乎佘璐预料。

这是我家第一个女人的母亲节。儿子出奇兵,妈妈很感动。

昨晚,小时的外婆,也就是佘璐的妈妈收到了粉玫瑰。这是我请佘璐下班途中买的,本来我说的是"买束康乃馨",但佘璐觉得应该让妈妈尝个新,用玫瑰取代了司空见惯的品种。外婆当然高兴过望。记得去年母亲节,佘璐还特意教会了妈妈使用微信并帮助建群,使母亲可以因此收到更多亲友的祝福,"朋友圈"成为节日馈赠。

这是我家第二个女人的母亲节。女儿小创新,妈妈大开心。

再说我家第三个女人的母亲节,也就是小时的奶奶、我的母亲这次过节的体验之前,得谈谈对母亲节的理解。到底母亲节,图个什么呢?给母亲一份惦记与孝顺吗?给母亲一束鲜花与初夏吗?当然都是，母亲节选得很好，五月份的第二个星期天，让人有时间看妈妈、陪妈妈，而且适逢神清气爽的花季，一朵鲜花鲜又鲜，一缕初夏悠而闲。但也不止，得从节日的本质、品类来想个透。

节日的本质，是生活的奔头。奔头，就是过日子的去往方向、目的地，哲学家们说成"彼岸""理想国""精神家园"。我们不妨做个情感小测验，或者说理智小实验，如果把所有的节日从我们生命中、生涯中抽离，会出现什么，必定心迷意乱、不知所措。因为我们顿时失去了生活的节点，并因为节点的不复存在，而失却人生行走的歇顿与皈依、犒劳与打赏。这时我们几乎发现，每个节日都是我们活着的理由所指、希望所在，我们平时所做的一切，正是为了节日之际的收成和分享。我们选择在节日的时候，把汗渍擦拭，把疲惫祛除，把业绩归拢，把喜悦抛洒，把时光撑细，把幸福延长。这就是我们过完"五一"三天，立马盼着端午三天，不时还要讨论"五一"可不可以连休七天的原因。

节日的品类，大致有三种，区分自节日的功能习俗和思维习惯。第一种是传统佳节，比如说春节，从除夕到元宵，那是举家团聚、守岁祈福的礼仪化最高的节日，一家人都会把最大收获、最大期待的自己显摆出来，与家人共话春华；第二种是新创节日，如母亲节、父亲节等身份节，教师节、护士节等职业节；第三种是共性中的个性节，例如人生七十大寿，每个人都会过，虽然不同的人未必在同一天，但这是属于个人自己的隆重大节。而母亲节作为第二种新创节日，有特定的文化意蕴：母亲节的第一作用是提醒——提醒你认真注意和体察自己平常往往疏于注意、漏于体察的妈妈，她是否皱纹增多、血丝增深、鬓角增白，她是否手脚如昔、心情惬意，她是否该轮到我们做儿女的关切与呵护了？如果平常确实太忙给忘了，那就在母亲节意识起来、重视起来，用这一天弥补平常、覆盖过去、点亮未来。如果平常对陌生人客客气气，对父母亲却喊喊叫叫，如果平常对领导百依百顺地拍马，对父母却一言不合地顶牛，那都是偏离生活本质的情感异化，该收敛了，对你的爸爸妈妈，客气些，依顺些，这就是你该给也能给父母亲的最起码的爱。然后，做些父母亲需要的身心健康、生活减负、增添欢快的事情，比如说，规划一场爸妈的体检，或者爸妈的旅游，等等。

  那么母亲节当天，我该怎么对待小时的奶奶、佘璐的婆婆、自己的妈妈呢？说实话，我没有给她发短信，也没有买鲜花，也没有送礼物。为什么呢？因为我履行了三件事：一是我携妻将子，看望和陪同了母亲。其实平时一直践行"常回家看看"的理念，每次见面都能切实注重母亲的感受，问她最近有什么事没有，总给她所需要的心里话安慰。所以母子之间，每次见面都像是母亲节，与其发个缠绵短信，不如当面一声问候。加之带易小时到奶奶身边玩，就是给我母亲最大的欢欣了。二是我妈妈生性恬淡，节俭到刻板，生怕丁点浪费，我早洞穿她的心理，就愿这几百块鲜花钱，花在她孙女可以、孙儿小时身上，也舍不得收我送的花。她也知道母亲节前后，鲜花涨价，更舍不得。当然我也心安，最最关键的，每周末我都会安排"一日游"，去乡下近郊，看漫山杜鹃花和遍野油菜花，妈妈确实每周都能沐浴大自然的山花烂漫。三是我平时注重的孝道是，第一自己做值得母亲放心甚至骄傲的孩子，第二总是及时解决母亲面临的任何难题。她也认为,儿子作为公职人员,克己奉公、崇尚德行、不输业绩、追求进步就是对她最大的孝礼,自然不希求什么刻意的礼物了。但我自己知道另外一个原则,多那么一点点,日子就会过得不同,给"节日"这个词多那么一点,加一个"小横",变成"节目",在母亲节这天,多一点节目感,也就是快慰感、喜剧感,日子就过得不一样了,就是我别致的母亲节了。我是一个动嘴皮的电台特约评论员,在早间关于"母亲节"话题的新闻评论中,借机祝福了自己母亲,母亲也听到了,这是我的"上半场节目"。"下半场节目"是,当天带着易小时陪奶奶的时候,继续动嘴皮,送给我妈三句无偿而浓情的话,她就挺乐:面对未来岁月,第一句"亲情更浓",随着日子变化,亲情只增不减、日益变浓;第二句"快乐更浓",快乐的心情,也日益加浓,并相互影响;第三句"体验更浓",日子变化太快,高科技、新理念正在改变生活,老人们一定要长寿,多多享受生活带来的美好体验,比如说,我就等着能做家务的"机器人保姆"问世,把我妈的身子骨给彻底解放出来。这三句话,也要献给我的岳母和孩子他妈,以及天下的亿万母亲。

在我说完所有"免费礼物"之后,佘璐谜样般给了婆婆一个"付费礼物"的补足。紫红的惊喜与绚美!原来,她瞒着我,给外婆买粉玫瑰的同时,给奶奶也悄悄买了相思梅。我问佘璐:"你不怕我妈舍不得?"佘璐说:"你买的,也许舍不得。我买的,妈一定忒高兴。你看看妈,多开心呐。"我心里何等美滋滋,婆媳关系是母亲节的特别一抹佳景,妈妈、奶奶中间,易小时快乐无边。

这就是我家第三个女人的母亲节。

话甜蜜,花灿烂,心沉醉。

佘璐的闺蜜戴晓杰女士知晓我的上述想法和做法后,短信勉励:"母亲节,节日即盼头。小时爸重情有义,看待节日角度朴素而智慧,还是个靠谱的亲情行动派。是小时的榜样爸!"长沙学院荣斌副教授说:"老易陪母亲漫山遍野闻鸟语花香的一日游,好日子,好品味!是易小时长大后最好最近的亲情课。"

# 第 23 篇

## 两周岁之最——大数据的亲子情

2015年5月,易小时满两周岁。孩子的未来,我们不知晓,只能猜出"高科技贴身化"的当代社会物理特征变化,和"新社群贴心化"的当代社会人文特征变化,这会使得他和新一代的小朋友们,跟祖辈甚至父辈,生活大不同、工作大不同、状态大不同、心情大不同。这种社会变化,以及他们对于社会变化将有的适应和创建,必然精彩可期,我们只需长寿以观。

做爸爸妈妈的,之于未来的小时,只需做好两件事:第一确保身体康健,第二扩张大脑内存。大脑内存是人相对于外部大宇宙的内部小宇宙,既然是"宇宙",那就是无边无际、无拘无束的东西。宇宙和大脑内存,它们本来无限大,但你诉求不强、觉悟不够,无法抵达"诗和远方"的话,它也就那么大,就是平日里想到哪做到哪,在小日子里漂,过一天算一天,往往浅尝辄止。所以需要扩张大脑内存,尽量抵达"诗和远方",大致的方法是:多类别的兴趣激活,并且向每个兴趣类别的极致化前进。我总是觉得,每个人终身大概也就用到自己大脑内存的百分之一二，而毛泽东、爱因斯坦这些大人物可能用到了百分之三四或百分之五六。那些人类历史的卓绝伟人决然不是"神"，但他们在激活自身大脑内存上神乎其神，进而扩张了自身的大脑内存，并且以自身的社会成就证明了这种扩张力的非凡价值。新东方教育集团创始人俞敏洪在北京大学演讲时的结束语说，"人的一生是奋斗的一生，但是有的人一生过得很伟大，有的人一生过得很琐碎。如果我们有一个伟大的理想，有一颗善良的心，我们一定能把很多琐碎的日子堆砌起来，变成一个伟大的生命。但是如果你每天庸庸碌碌，没有理想，从此停止进步，那未来你一辈子的日子堆积起来将永远是一堆琐碎。所以，我希望所有的同学能把自己每天平凡的日子堆砌成伟大的人生"，其倡导的实际涵义，也就是高自觉大脑内存的逐日外化。

目前对于一两岁的孩子，枉言社会责任担当那是笑话，青春期的翩翩少年还叫作"未成年人"呢。那就培养他们的兴趣吧，主要是俗习、雅好两大兴趣矩阵，有板眼、有次第，朝极致方位推进。易小时两岁前夕，爸爸通过两组"亲子化的大数据"，把雅好、俗习整合到一起，总结"两周岁之最"，醒悟其跟大脑内存的驱动关联。

## 诗和远方

易小时最长完整背诵的诗，是"张若虚爷爷"252个字的《春江花月夜》。超越两个月前背熟的"李白爷爷"176个字的《将进酒》。

易小时住在湖南长沙，去的最远的地方是海南三亚。四个收获：

第一次见到大海。并且在海边听妈妈璐璐再次播放"出生背景音乐"——阿鲁阿卓演唱的海子名诗《面朝大海，春暖花开》。生小时的时候，妇产医生忘了给璐璐打止痛针，她靠着对这首歌的反复聆听，坚忍顺产。

第一次实地见到南海观音。在妈妈引导下，他欢欢喜喜微信留言给远在长沙的爸爸："我见到了观音菩萨，壮观，震撼，开心，幸福！"他以前在意识形态和思想文化的语汇、形象上，只接触了马克思主义的"毛主席"和儒家的"孔夫子爷爷"。这次扩张到佛家的"观世音奶奶"，下步会是道家的"老子爷爷"了。兹后，西方自然科学、社会科学"牛顿爷爷""达尔文爷爷""爱因斯坦爷爷""亚里士多德爷爷"都会被感应的。

第一次标准化游泳。不是"澡盆式游泳"，也不是"澡堂式游泳"，而是海边的泳池，闻着海味的"三日游"；

第一次被美术描摹。两岁里，拍了两千张照片，却只有照片没有画像。在三亚海滩上写生的美术学院大学生，对易小时产生浓厚兴趣。璐璐正好请他们给小时画出了"迎两岁素描像"，让"摄影之是"和"绘画之似"艺术对决，凭海临风。

## 歌声与微笑——欢乐颂

小时最爱听的歌，是殷秀梅、戴玉强的二重唱《阿拉木汗》。我是让儿歌、艺术歌曲、器乐、朗诵精品并行于易小时两年来的听觉，也给他做过一次专门的曲目排行榜。但聆听是一种顺心遂意的习惯，小孩子并不会"按榜索听"下去,他独立自主寻开心,经常手指音乐播放器,"我要听——《阿-拉-木-汗》",强烈愿望字字顿顿挤破口齿,专一而执着。结果《阿拉木汗》听过了几百遍,男女对唱的欢快节奏和灵活变奏,闻歌起舞,笑声朗健,笑容灿烂。《阿拉木汗》是童年易小时的经典欢乐颂。

逼近两岁,孩子的微笑也是越来越多,微笑是懂得节制的欢乐颂,微笑增多是心智增熟的表现。尽管距离真正成熟的心智成人礼,还很遥远。小时的微笑,在"偷听"大人对他的评价时最显真切。大人在一旁说他棒棒的时候,他居然会侧耳听,流露微笑以示懂得。大人们品尝微笑的他,可口可乐。这当是最迷人的笑。

现今最洒脱的笑,在于得意、会心两感。家里设了儿童篮板,他投篮命中,成就感非凡,笑声震动屋宇;这是最得意的大笑。妈妈在车上问他:"小时,你长大了是当歌唱家,还是当指挥家?"仔仔不直接回答,而是双臂很有气势地连续抖动,久而带劲,就像指挥家在执棒;如此给出他的回答,是最会心的眉开眼笑。

## 二律背反

他马上两岁了,依然有发嗲。家里的桌子、柜子多,小碰下脑袋,就哭,装扮"工伤",等待被爸妈阿姨探视慰问。

但是,在背会第三十四首诗——"鲁迅爷爷"的《自嘲》——也就是著名的"横眉冷对千夫指,俯首甘为孺子牛"时,他每次背到第二句"未敢翻身已碰头",就一定要跟周边的人逐一碰撞下额头，而且发出磕碰声；不但不哭，反而欢喜无限。这说明易小时对于无准备的碰撞和有准备的碰撞、非自愿的碰撞和自愿的碰撞，拿出了"二律背反"的"双重标准"：最脆弱处最坚强！

### ▎问世间，情为何物

我特别喜欢青年女中音歌唱家、浙江嘉兴姑娘钟丽燕，无论歌声、长相还是气质。我看着智能电视《小路》和《落叶》两首歌曲视频，指着钟丽燕对保姆黄阿姨说："我希望易小时长大后，他的女朋友是钟丽燕这个娃娃女，乖乖型。"黄阿姨突问孩子："小时，你喜欢钟丽燕这个模样的女朋友吗？"小家伙发出完全出乎预料的回答，他竟然手指着我这个爸爸，说："他喜欢！"仔啊，那你喜欢不？你回答太高妙，爸爸被你制住了。这是迄今最具情商的一次答问。

他最密集的情商出击，是表扬别个。谁得到他的一次表扬，那可爽歪歪。易小时会以强有力的声音，点赞身边开外的风景与人，经常措辞为"好漂亮呀""真聪明呀""最可爱呀"！他使用极致叹词，怎一个"情"字了得。

### ▎创意西门吹雪，剑气无处不在

截至两周岁，爸爸妈妈对易小时最满意的有两点：第一基本没生过病，感谢外公外婆付出最多的照顾，还有保姆阿姨们的不辞劳苦；第二他有了创意能力的萌芽，意味着接下来几年里，很多精妙的生活会因为他而发源、成流。

妈妈在画板上，写下英文字母"A"和"B"，把笔递给小时，他会不假思索地续写；但不是续写"C"——续写"C"只是记忆，而不是创意；小时会立即把"A"底下涂抹，迅速变成一个三角形；又在"B"的左边对称涂画，两边再加上几根须，很快变出来一只蝴蝶！

我们最满意孩子的，不是背诗的完整，而是创意的无羁。

回想易小时创意习惯的生成，凭的是我们在日常生活中的最自然萌教：大人是习惯成自然，小孩是自然成习惯。无须刻意营造什么场景，见到什么，自然给他讲解、比划。茶叶筒就是茶叶筒，卫生纸就是卫生纸，都会有活脱脱的情景会话。"爸爸泡茶，爷爷喝茶"这种话会变成易小时的招呼语；我在蹲式便池，居然收到孩子自觉送来的卫生纸，搞笑而又感动。

日常萌教的信手拈来，把生活的自由挥洒变成了儿童行为倾好的整体大数据，统计无尽。我此举，源自对"西门吹雪"的艺术理解——武侠小说家古龙创造了一个叫"西门吹雪"的人物，作为顶级剑客，他不需要用冷兵器剑，对他而言，任何东西都可以是剑，一片树叶也可以是剑，因为树叶可以凝聚剑气。西门吹雪练就的已经是"剑气无处不在"的境界，任何东西在他手里都能成为剑。我对易小时的萌教思维，就是这番吹雪不吹牛。

我也害怕易小时有性格不轨的时候。矜持、亲和、孤僻，左、中、右三种性格都可能在童年播种下来。我们分析那些有才能的成人故事,"性格决定命运"无非三道不同的曲径:过于自信、缺乏自信、只有自信。我有心在儿子两岁时计算这些行为之最、能商数据,也有意发现和规避他的不足,例如怎样破除他对陌生情状的初始畏惧——他一见陌生人和久未谋面的亲友,怯生生往后躲,甚至哭避。幼教老师给璐璐如此分析:"小时可能是缺乏安全感,很谨慎。"璐璐说:"小时是慢热型,一般需要一刻钟,才会跟人熟络。"——能否速热,仍束手无策中。

　　小时就要满两岁了,做爸爸终也清白,我在亲近儿子、关注人脑。点点体悟,使我认知,人类永远不怕电脑战胜人脑和被智能机器人最终控制社会的信心与能力,来自于一个绝对关键:电脑和机器人永远只能承载数据驱动、解决数据应用,换言之机器人的智能,只能是数据智能;而世间最高的能量,唯有"道"与"情",也就是道义道理、情感情怀——它们,只存在于人类的头脑中,不断驱动、激活、扩张大脑内存;也不断驱动我家易小时,高自觉运转他的人生。

# 第 24 篇

## 培养孩子动手动脑的习惯

这不是教儿子打麻将,而是打量整个世界。

这不是搓麻将的"自摸",而是亲子教育中的一个精心留白。"不教而教"孩子对玩具的自摸、对物品的自摸,进而对物态的自摸、对生活的自摸,最终对能耐的自摸、对人生的自摸。

孩子自摸,是培蓄一种动手动脑的习惯。自摸是孩子一路成长的认识世界、适应世界终而协同世界、改造世界的"手段好生了得",练就自主自为的秉性。早年的人生涉足、中年的人生奔走、暮年的人生踱步,都靠这等自主自为的心眼步。人的一生终归是自行摸索出来的,他人难带,更难代。

对儿子小时的自摸留白,出于我自身的成长经验。我小时候最为长辈们津津乐道的,本人也记忆犹新的,并非什么"早慧"之类,而是"石头记"的"自摸游戏"。童年、少年的小时爸,拿起石子打石子,只当这颗石子是座山雕,那颗石子是杨子荣,这枚石头是霍元甲,那枚石头是日本浪人、俄国大力士,以及刘关张、黑旋风、东邪西毒，一玩可以是半天，把各型文学名著、电视热门统统收进"小时爸自编《石头记》"。

最极致的"石子自摸剧"，是数十年后《湖南新闻联播》甚为怀旧的"县委大院"斜坡上，堆起长排短列的无数石子战队，路过的湖南宁乡县委机关大院"关心下一代协会主席"赖雪梅阿姨问我："柯伢子，你在耍么子？"1985年11岁的我当即回答："百万雄师下江南！"今赖阿姨年逾七旬，仍记得我当年这一幕及这回答，并出于仁爱，作为美谈，一直语于他人。妻子佘璐颇满意我的一点，是强大的心理承受能力和心思构造能力，故而能抗、能创！回顾起来，应该就是蓄能于长期自摸的寻思、构思、行思习惯。

那么如今，初为人父，面对小时，想起这些往事和老招，欲早早故伎重施。孰料与几任保姆阿姨一拍即合，她们说育婴师培训中，也是这么个倾向性观念，集中两句话：要给孩子一些自己玩的时段；在孩子自己玩得起劲的时候，不要拿起另一份作物或关切，去对孩子说"这个更好玩些，玩这个吧"之类。她们一致认为：孩子在自己玩的时候，就是自己使劲琢磨着的时候，非常有利于智力开发和自立培养。

故而，我着眼于易小时的自摸能耐发展，从稚嫩抓起，从把玩抓起。先稍微引他接触接触、一起玩玩，尔后让他自己去选择和推敲。在家里，他会坐地上，拣拾满堂子的积木、车模、球体、玩偶，滚动滚动，摆弄摆弄，拧拧又盯盯，抬抬又掏掏，渐渐弄通了一个个按钮、扳口。小孩对各类物品，例如遥控器的掌用，甚至手机，都是模仿大人一半、自己摸会一半。我更为注重他的自摸——他能自己摸会什么，那是他的本事。孩子的本事，根本不能小觑，大的惊喜从小乐子累积起，陡地给你冒出来。在这个过程中，我决不怕小时玩烂什么东西、玩砸什么场子，他才两岁，远不是控制他的时候。

孩子的把玩，不要停留在玩具，要触及更多生活物品，比如茶水、餐巾纸。随手一试，孩子那个欢乐，都能把最平凡的茶罐子、纸团子给挤出来人情味。他还会自摸扫把、垃圾桶，有了搞卫生的条件反射，常嘴里溜一句"干活喽"；他会给妈妈出门送包，提醒爸爸戴眼镜——其实爸爸从没让他摸过眼镜呢，虽然树脂眼镜不怕跌打。小时甚至到了车上，因为自己坐熟了儿童安全椅，而"纠察"正副驾驶位的爸妈，有没有系安全带；如果没系，不等汽车提示器发出尖叫，小家伙就会抢先尖叫警示；所以我们家大人系不系安全带，有"双提醒""双保险"，一个来自宝马，一个来自宝仔。

说到了车上，也就从家里说到了家外。出门在外，要到处给孩子指点、比划，不时鼓励安全、卫生的自摸。电梯里，要引导孩子察看广告招贴，辨认电话号码，训练数字记忆。沿途所见物品，可以给他手势，说那是做什么用的。久而久之，孩子走在各种地方，对周围的招牌、装饰、陈设，比成人还敏感，还注意得早，并且有意触摸。易小时对几十以内的数字、数序娴熟，跟电梯上下层的红色显示变幻有着很大关系，加之自摸过计算器，遂练成"眼里有数""心中有数"的本领。

一路上，多给孩子讲解：这是一棵树，这是一朵花，这是一道铁门，等等。旁边没有熟人时、枝丫也没有高难度时，我会装出爬树的样子。体虽胖，动作虽滑稽可笑，但这时的一棵树，对于孩子就是他面前的玩具化身和自摸对象。我也会把孩子架上树丫，让他尝到上树的不同感觉，让孩子亲近了树。等易小时年龄再大一些，我会一棵棵告知：这是樟树，这是柳树，这是桂花树……"见树"的过程，顺便实现幼儿科普建树。

　　大话不想多说，也不能多说。孩子一次主动"自摸"，胜过爸妈一麻袋被动揣测。我坚信孩子一定是可以超乎襁褓的，我看到他在自己拆弄两周岁生日蛋糕的礼盒包装丝带和小蜡烛袋。

第 25 篇

成绩与成功

2016年6月7日高考开场，上午语文，下午数学。如果把高考比喻成一个人，从1977年恢复高考算起，至今四十不惑了。高考至今最大的"不惑"，始终还是说得起硬话的，就是它一直保持了总体的干净和相对的公平。相对于其他社会领域，高考应该说是腐败现象和管理乱象较少的领域，这一点令人欣慰。

我自己的高考发生在1991年，到现在已忘记了各种试题，忘记了一切考试本身的内容，但却记得三件事：第一件，我拿下了总分462分，上了本科线，班上排第四名。四年以后，拿到了人生第一份工资，月工资数正好462块钱，"462"似乎是我人生的吉祥符。第二件，那年文史类不考数学，而且是高考历史上首次不考数学，把我的软肋给解除了。至今除了能看懂财务报表，我别的数学都搞不清或者记不清，甚至弄不懂房租菜价，绝对比小摊小贩的"市井算盘族""百姓数学家"差远了。我平时的成绩，高一到高三上学期，都是班上四十名开外，之所以能考上本科，首拜不考数学之赐。而且，我从历史课上懂得了蒋介石在解放战争中玩过"重点进攻"的招数，胡宗南和张灵甫一头打延安、一头打山东，但逆乎天意民意没打赢。我倒是悟到了应对高考的"重点进攻"，高三下学期一手突破语文、一手突破历史，也就是突破"诗和远方"，结果赢了。第三件，背水一战，"杀红了眼"。经历过1991年高考的湖南学子应该记得，那年大量考生得了红眼病，无论是因为眼病的传染，还是熬夜的血丝，浑然一体，分不清"眼儿为什么这样红"。正是杀出这段"红色考验"，我们挺了过来。

今天正好高考，我不能不有所触发。忆起本人骑单车独自赴考的那年，看着今天行色匆匆的陪考送考车流，面对怀里两岁的儿子易小时，便想：16年后的他，也还会高考吗？

一开始就说到了高考"不惑"，那高考有"惑"吗？当然也有，否则就不存在电视台《钟山说事·高考天问》节目的一度风靡。我很想替膝下的儿、天下的友想清楚：未来的高考，会是什么样子？给出以下"变与不变""知和未知"的分野——

当年的高考，是勤奋的高考；今天的高考，也依然是勤奋者的高考；

当年的高考，是聪慧的高考；今天的高考，也依然是聪慧者的高考；

当年的高考，是独立勇敢的高考。我们那时，没有陪考，更没有陪读，我们告诉父母，放心吧，儿子女儿上了征程战场。多少延自20世纪80年代初期、中期的《再见吧妈妈》等豪迈军旅歌和中国女排"五连冠"等争先精神照耀。而今天的高考，是不再那么勇

敢的高考,"陪考"成了景象,"陪读"成了现象,娇气掺进了子女的底盘,揪心渗入了父母的底色——不太像独立勇敢者的高考;

但更根本的,无论现在还是过去,高考都从来不是洒脱的高考,并不是洒脱者"高高兴兴考试"所能简称的"高考"。我希望将来——儿子的未来,和大易小时四岁的亲侄女易可以的未来,并小时、可以无数哥哥姐姐不久的将来,能够迎来、拥有洒脱的高考,以及洒脱的一切考试。

是我们自己、我们自身的社会机制,把高考凝固得太沉重。无不如临大敌,谁能化用毛主席的策略,"战术上重视高考,战略上藐视高考",毛泽东和他的团队可是打败了强大于自己的蒋介石、胡宗南、张灵甫们。为了孩子,面对高考,我们当前应该做好两件事:一是从社会,要进行"高考改革";二是从个人,要树立"大人生观"。

高考制度改革不是新鲜事,也没必要说出很多新鲜话,重在明晰方向、务实探索、尽早开始。方向是教育界基本趋于公认、叫响了很多年的"全国统一高考+高校自主招生"的"自由高考"——唯自由,才能独立勇敢,才能洒脱。具体是把高考变成多轮次的高校自主考的"校择考"和学生自由考的"择校考"。我甚至主张,高三下学期应该整体成为考试周期,国家于每年四月底提供一次统考机会(即传统高考的延续),高校分类分轮于五月底补足一次"校择考"机会(新创),国家最后于六月底再给一次"择校考"机会(新创)。有个笑话,高考史上最悲壮的人姓朱,考了八届才考上,人们喊他"朱八届(猪八戒)"。如果每年高考轮次增至三轮,高考变成寻常事,像热门电视剧《士兵突击》"不抛弃,不放弃""多轮考＋多轮招＋多办校"——就是"许三多战胜猪八戒"呀,这才是中国高考改革的创造性社会正道!没必要再往下等,早改早主动,为了人民好!

树立"大人生观",则有着超乎高考隅见的辽阔人生视野。真想提前告知小时和可以:如果把高考看成人生的一个机会,高考就是你的朋友;如果把高考看成人生的唯一机会,高考反而可能成为你的敌人;无论家长、学子,我们都应该轻轻松松跟高考打交道,把高考从国民素质教育体系的"挤独木桥"变成"轻松过堂"——这是现在的我也像高考一样过了不惑之年,回顾来路发现"高考之外更见青山",才弄明白的理儿——人生改变命运、促进命运的机会多的是!高考算一个,但绝非唯一;对于勤奋、聪慧、独立、勇敢、自由、洒脱的创造者们,每一天都是完整的生涯,每一周都有起伏的坡度,每一年都有变迁的风采。你只需拥抱和创造,随时主导身边的变化!

以上是今天高考,我很想写给儿子小时的一些跟高考有关的道理。我设想易小时高考时,会是什么样;尽管他长大的过程中,高考可能起变化,可能因为高考制度改革的本身相应推进,可能因为网络课堂、可穿戴设备、家庭连线教师、大学扩招新常态、国民素质教育下沉等等科技物理和社会人文的具体元素变化,都会带来极大演进,甚至"这高考不是那高考""平生不再逢高考"也有可能成为新现实,但我还是希望膝下的儿、天下的友,都能抱定"大人生观",览万象于万端,立定根本,气定神闲。

# 第 26 篇

## 小朋友可以讲道理——如何看待早慧

"早慧"是关于小孩的经典趣味话题。早慧的孩子肯定有趣,因为他(她)模仿大人的思维,能展现甚至建立某种才艺专长,或者能讲出一套套貌似系统、近乎成熟的道理来。这就是早慧的意思:超过一般的同龄娃,有特点,有优势,懂事早,出彩早。多数家长并不推崇早慧,他们不愿意带孩子干超龄的事情,认为早慧属于心理跨龄、揠苗助长的一种表现,不仅没有必要,而且充满风险。例如:才艺的早慧会不会把孩子累垮?弄歪?心智的早慧会不会成为早恋的某种先声?怕聪明得太早,就搞不懂、拿不准、管不住了。也有少数家长刻意追求早慧,想尽办法激发孩子才质,让小孩子多眼多心一点就通、多才多艺触类旁通,他们很享受小孩子早一天变聪明的过程,那种低龄与高智、弱小与擅长、萌情与明理、幼稚与成熟的"对距感+对进感"所充盈的戏剧色彩,像几代同堂、一致兴奋的"童话书+神话书"。

我和妻子璐璐既非多数派,也非少数派,而是中间派,也就是香港老版电视剧《霍元甲》里的"迷踪派",套路随心所欲,无定式,更非一成不变。不刻意开发培养孩子早慧,也无意规避隐藏孩子早慧。我们跟易小时一起"萌"——于大人是模仿孩子,装可爱;于孩子是模仿大人,学老练。我们过去最重要的一条做法,是寓致密的"萌教"于日常生活,最好的玩法就是玩日常,见什么逮什么,逮什么化什么,生活敏感早早得来,绝不至于败给岁月。孩子一路走,作茧自护又破茧而出,不渴求早慧而又收之早慧。

说两个例子。先说背诗,易小时不到两岁能背30多首诗,但两岁生日成了他的兴趣拐点,从此不再听招呼,也就是"逆反"了。你要他背诗,他偏不肯背,指挥不动了,哄也哄不动。但他心里的诗,能根据情景冷不丁钻出来,喜你一顿。2016年6月10日晚,长沙下起大雨,小时随口冒出一句"当春乃发生";我惊诧,这就叫早慧吧,他居然省去了杜甫《春夜喜雨》的第一句"好雨知时节",两龄童也带着诗情喜雨。再个就是玩生活,某天上午,他从生活阳台拎起红色塑料桶,往客厅搬运;我问儿子干嘛呀,他说"养鱼",哇,这个味呀,谁教他的;璐璐没听过瘾,也问一句干嘛呢,小时第二次回答却是"洗澡呀";这个乐呀,我第三次问他干嘛,他又回答"浇花";我天!这小子是不是天才,第四、五、六次问他,他还说出了"搬家""装水""搞卫生"——六问六答,全然不同,画意写实,这是何等词汇量乃至生活量!这不是早慧是什么!这化自日常生活的积累,并非以早慧为刻意目标,却不能不说有早慧的朝花夕拾、水到渠成。我可傲了。

席间,你一言我一语,越谈越兴奋的易可以"生活早慧故事",

使得早慧的涵义更显清晰。聊举四例——

我经常带易可以"一日游"。乡间公路，自驾车常会风驰电掣，吓得一路鸡飞狗跳。当时才四五岁的易可以不干了，几次训示我："伯伯，你开慢点好不好！差点把小鸡小狗都压死了。"我辩解："沙沙，伯伯开车很稳呀，从没压死过一只鸡鸭狗。"易可以语气加重："可是，你开得太快了，鸡都吓飞了，差一点就会压死的。这条公路是你出钱修的吗？只能由你开车吗？鸡和狗就不能慢慢地走吗？你为什么就可以吓跑它们呢？这条路，不是我们家的呀！鸡和狗都是生命呀，都需要保护呀，你为什么不能爱护它们的生命呢？你要等压死它们才来后悔吗……"这些道理，排山倒海从小朋友的嘴巴里出来，那是震撼性的。被训了几次，我脸皮薄了，现在每次只要易可以在车上，我就不敢在乡间公路上开快车了。小朋友可以讲道理，我怕。

有次，当着五岁易可以（沙沙）的面，沙爸沙妈吵架，相互赌气。沙沙在旁边好久没作声，老大不高兴。沙爸也不吭气了，沙妈还在唠唠叨叨。沙沙突然插话："妈妈，你自己要想清楚！你当初为什么要跟爸爸结婚，是为了今天跟他吵架吗？是为了吵架吵赢他吗？这就是你结婚以后想要的生活吗？如果你结婚就是为了吵架，那就继续吵吧。你们谁也吵不赢对方的。"霎时，沙爸沙妈都给怔住了，更是镇住了！小朋友可以如此讲道理，大人还吵什么！现在沙爸沙妈争吵很少，跟几岁女儿的情感监管、理性监督分不开。

易可以、易小时上述所表现出来的，只是心智上的旦萌早慧，尚不具备才艺上的多彩早慧，无论文体歌舞、琴棋书画都还不行，也不去强求很行，不擅长就不擅长呗。我们看到别人家的孩子，有的长于心智，有的长于才艺，欣赏但也不羡慕。这是因为，长大人各有志，自小人各有长，都是一个"趣"字了得，孩子们是喜欢什么就亲近什么的。兴趣是早慧最天然的老师，这决定了早慧并不是一个人早期的全面潜能迸发，对不同的孩子就有着不同的浇铸面。即使传说中的战国神童上卿甘罗，和事实上的奥地利神童音乐家莫扎特，也都不是全面的智能开启者、智慧辟展者，只是专于某一域。谁见过小甘罗善于羊肉泡馍、小莫扎特善于种植园艺的任何记载呢？所以，我要得出关于早慧的四条规律性结论。

第一，早慧普遍但不全面。早慧对于任何孩子都有，并且因人而异，体现在各自不同的心智、才艺侧面。故而，早慧是每一个小朋友都要经历的或宽或窄的过门，可以鼓励每个孩子找到属于自己的早慧入口。同时，早慧不是一切，早慧不能求全，早慧远远谈不上马克思主义所主张的"个人全面发展"的以人为本起始之路。早慧只能作为人生剧幕的开场歌舞，不是主打节目，更不是高潮亮点；

第二，早慧应顺导而莫强拉。早慧只宜因势利导，不宜强行拉弓。感情上强扭的瓜不甜，人的聪明才智强拉也上不了弦。家长只需沿着孩子的兴趣，激发他的潜质热能；

第三，早慧可贵、可喜、可乐、可爱，但不必炫耀，也不能溺爱。为啥不必炫耀？太抢眼而致吞没，"伤仲永"之戒。为啥不能溺爱？陷太深，就会淹没，而小孩个头不高。记住，在健全的社会制度下，人生而平等，孩子长亦平等。早慧只是一朵小红花，在社会管理上，即使大红花，也成不了通行证——早慧不是早慧者的通行证；

　　第四，早慧是少儿与成人的互动逍遥游。早慧是属于小朋友的，是孩子求知欲、成长欲、表现欲、引导欲的化合作用结果，是孩子观察力、记忆力、想象力、思维力集成爆破的渐悟、顿悟乃至神悟之能，凸显到一个或几个优长。但最经典的儿童早慧，还是懂大人的道理，并可以讲道理。早慧的小朋友在他的水晶世界，开始用道理衡量四周，不再简单盲从父母的教导，学会了用自己的标准来认识事物和理解事物，并能反作用于成年人的教导。他懂得摆事实、讲道理，用大人之技反制大人，用成人的道理说服成人。早慧意味着，大人还想简单地降服小孩，小孩却已经蓄意征服大人。面对早慧的孩子，毛躁的、简单化的老办法不管用了，我们得用更高的智慧跟孩子说话、说事、说理。

# 第 27 篇

## 教子有方与父母分工

"今日痛饮……庆功酒，壮志未酬……誓不休。来日方长……显身手，甘洒热血……写春秋"，这是谁家的娃儿在长沙月湖归心苑唱京剧，童稚声声乐。是两岁一个月的易小时。易小时不仅能唱简单的京剧段子，还分得清"为救李郎离家园，谁料皇榜中状元"是黄梅戏、"那一天钱塘道上送你归"是越剧了。我再播放"天上掉下个林妹妹"，小时言之凿凿四个字："还是越剧！"他不仅有正确答案，而且有正确逻辑。

易小时的上述"才艺素养"和"逻辑修为"，是爸爸侧重旨趣，所教授或传导的。也就是，我在儿子与其他同龄孩子的区隔状态中，灌给了小时一些成人化的东西，姑且称之为"神话"在与为。

母亲璐璐则坚守"把童趣的东西，留给孩子童年"，她比我懂得换位思考、换位体验，她能够站在幼儿心灵本位，去发现和感悟小时本该有、本该是的"童话"在与为。她坚持儿子必须参加别的同龄孩子大都进入的早教班，她经常带儿子参加闺蜜携孩儿们的各类聚会，她以母亲的"融"导向来弥合父亲的"隔"取向，以防止儿子在自娱自乐中"游手好闲"起来。

这是我们作为父母的第一道分工：爸爸赋予"孩子成人化"，走"神话"熏育的"隔教"；妈妈坚持"孩子自童真"，走"童话"熏育的"融教"。父母间也不冲突，因为在不同的时段、场合给予他，成为可选择的民主而非专制。

我和璐璐在教子的商讨中，这样一致思考：正像老朋友唐绍戊先生认为的，"小孩人生的第一个老师和最后那个老师，都是父母"，教子有方该是做父母的基本追求；我们不知能否达到，或者说并无十足把握，但必须十足努力；应根据孩子的生理、心理成长进度，观察思考他的每一阶段，提取共性规律，不偏废个性特质。更深度认识到，教子有方的关键在于——父母科学分工。

我和璐璐的第二道分工是：妈妈负责孩子的营养、健康、习惯、性格；爸爸负责孩子的旨趣、志向、格局、胸怀。这其实还是呼应了成人化、自童真的分野，或者说神话、童话的分野。

关于营养和健康，璐璐全力以赴、调理细节，以她不分心、不草率的母爱，保证了易小时的白白胖胖，更保证了25个月以来，孩子去医院没超过三次的低病记录（不算防疫打针）。跟所有悉心照料幼子的父母们一样，璐璐唯独对孩子的饮食、营养品从不吝啬、毫不犹豫。每一次零购、每一笔网购都做成记录备查，品名、保质期、店名、网址等，记录得清清晰晰。在我每天以大幅精力与智能、大段语言和文字拥抱社会文化、探索社会责任的时候，妻子把她的时间全情投入母爱天地，满手孩子冷暖、满眼家庭责任——这其实算我们夫妇的第三道分工。自孩子半岁起，与其说璐璐剥夺了我这个爸爸对小时的防疫管控权，不如说她和外婆彻底解放、解除了我对孩子的防疫担心。她早已全权管起儿子的健康。

习惯和性格，璐璐也有深入思量。她看到我每天不擦皮鞋，衣服也不讲究，她要我穿时尚、精神些的衣服，我也时常置之不理，加之洗漱不勤，基本判定我此生对于保洁已近"双重白痴"，不仅自身缺乏良习，督也督促不出来，于是她来统管孩子的个人生活习惯。比如一天两个澡、绝不暴饮暴食，等等。她对老公的品格之端正和性格之顽劣的二重性评估，恰似乔治·桑对肖邦的兼具"最优美的性格又最恶劣的脾气，最仁慈又最刻薄"的"欣赏感＋恐慌感"，便亲自调教孩子的性格，不疾不徐，从容淡定。她说，孩子未来笑对风云，也许就是从幼年性子稳开始的，至少不能让孩子沾染老爸以及古来诸多"个性化至上人物"的那种我行我素的"高贵的病态"。我由衷赞叹，"孩子妈看得可真远"！

人的一生长大，是在体魄、智慧、情操三方面不断养护升级，也就是健商、智商、情商三轨道走着瞧。璐璐在父母分工中，管掉了体魄即健商的绝大部分，和智慧、情操的一部分。我所负责孩子的旨趣、志向、格局、胸怀，则是情操第一、智慧第二的。芸芸众生，人与人之间不可能没有高下；即使人权平等，事业风采、生活质量、人生价值也不可能完全平等，社会贡献大的人物一定会比贡献小的人活得更有尊严与意义，这是确定无疑的；个人是否立志、如何立志，是真正的人生起跑线。马克思如果不表达清楚并执着于"青年在选择职业时的考虑"，焉成可整体对仗人类历史与社会进程的个体伟人？我们做不了伟人，也要有高素质的胚子摆在个人生涯中，从响应机遇的随时召唤。所以，孩子妈踏实做"万丈高楼平地起"的平地时，我却仰视高楼，谋顶层设计，那里"手可摘星辰"，那里"如云唱大风"。我以成人化的旨趣来带孩子，爸爸重走"成人的童话"，小时试走"小孩的神话"。旨趣那一边，志向会生成一股力量，拼起格局，撑起胸怀。充实的欢乐，指日可待；饱满的创造，岁月流金。

当然，我和璐璐望子成龙难免自以为是，绝谈不上教子有方，只做摸石过河的心得随谈。我们的分工，也只是基本如此，并非绝对，亲子哲学也许只能写成形而上学，但千万不能变成形而上学。难道孩子生病了，做爸爸的会说"健康归妈妈分管，请严格按分工，由分管领导——孩子他妈负责去医院，主持就医见面会"吗？

而且，我们家易小时至今有些毛病，小看不得，说不定就是当前父母分工理念的一叶障目所惹发。他最大一个弊病，就是不太合群；向未来，可别往孤僻去！

# 第 28 篇

## 如何对待早教老师的建议

中年得子,做父亲的快乐是可想而知的。我对易小时的爱,是宠得过头,是恰到好处,还是爱犹不及?一个昵称叫"喀喀"的早教老师,以她独到的识见,给我做了个评判。这对于其他家长,似不乏参考意义。

近距离接触喀喀老师,是我第一次送儿子上早教时。2016年7月9日星期六,孩子妈璐璐组织单位上的党员去湖南韶山毛主席家乡参观学习并讲党课,就把送、陪易小时读早教的任务交给了我。

小时来早教中心之前,兴致很高,大早就喊着出门。到了这家中心,原计划10点整上3Q早教课(IQ智商、EQ情商、AQ逆商),孰料小时又哭而畏之、闹而拒之。这种现象前番几次出现,璐璐也曾讲过,并请早教老师做过分析,在母亲、老师联手互动引导下,有所改观。不料孩子妈不亲自来,这事儿又被我摊上。所幸璐璐去韶山前曾交代我:"有困难,找一个叫喀喀的老师想办法。"还说:你到时候不要慌乱,小时在早教中心是不容易带的,他的不容易带也是在老师们中间出了名的；其中的主任唐老师就说，小时简直是"本中心最大的问题儿童"，好难听调摆，一般的孩子一个老师就搞定了，你家孩子配两个老师，多时三个老师一起上，还是诱不动，"这孩子，太有主见了"。亏得璐璐早就给我醒了门，留有诸葛锦囊——"找喀喀"。

喀喀老师一见面，就对我说："今天第一次见到小时爸爸，好奇很久了。想请爸爸陪小时画一幅画，画房、树、人三样。请爸爸自己先单独画。"我潜意识里已经对喀喀"缴械"，不假思索画了，拙劣的书画基本功使我全无艺术构思，涂鸦反而极其迅速。喀喀看了我的作品，问："爸爸确认不添加了？"我说："停笔了，完成了。"喀喀说："房树人绘画游戏，是我们中心测试孩子原生家庭状况的一个心理学方法。孩子初期的表现，根源都在于原生家庭，也就是爸妈的家庭或家族。孩子的问题，主要就是爸妈的问题。我过去只听璐璐说起你的特点，没有机会亲自考察你，所以必须专门分析你。"我很紧张："那你从我的画，看出了什么？"喀喀说："你把房子画成独立三间和三张门，说明你跟你父母的关系紧张，需要安排分居。你把树干画得厚实，树团茂盛，说明你童年受过创伤，需要树荫遮蔽。你画的人，手掌张开，说明你的控制欲很强。你画衣服居然画了一粒粒的纽扣，这是一般人都不会画的，说明你的心很细致，也就是控制欲强还计较精细。我猜对没有？"我不得不实话实说："基本都是错的。"喀喀说："你这是刻意掩饰自己呀。心理学知识表明，你这么画，是内心的映射。"我说："你要这么说，那我没得说。跟你老实说，我画的时候，根本没上心。这也别争了，你这么考我，到底想要表明什么含义呢？"

搞半天，喀喀这么消遣我，是试图从我这爸爸身上，找出易小时行为倾向的"老爸原生态"。喀喀说："现在，我基本推理清楚了。你可以不经意地画房树人，说明你自信这个游戏测验不动你。你本身是一个极其自信、不失自负的人，内心的强大有时导向一种内在的优越感，以自我为中心是你的习惯思维。你把儿子小时叠加进了你自信力的一部分，继续以自我为思维中心的同时，在家里头把小时看成了感情中心。小时受到你和家庭的双重影响，一是自我中心倾向，二是在乎别人关注。我已经看出，小时在家里，做每一件事，旁边都是观众围着，不止一两个，还一片叫好，孩子就会有以自我为中心的倾向，他就习惯于被注视，而容不了被忽视，一旦被忽视，情绪就会瞬间崩溃。这就是小时连续两次上艺术课，都待不住的原因。第一次课，老师在孩子中没注意招呼他，他就受不了，吵着要走；第二次课，老师喊孩子们画画，第一个提问没有点他回答，他又受不了，哭起来以引起注意，然后不干，要离场。这说明，小时希望被关注、怕被忽视。直到第三次课，你家璐璐提议，要我们中心派出一个心理老师，也就是我，陪小时单处一会儿，先成为他的朋友，再引他融入群，上成第三次课。"

我开始对喀喀感到惊讶，接近于猜对了，也分析得很妥。

喀喀继续说："而另一方面，小时又很警觉。他每进入一个房间、一个场景，跟别的小孩不同，他要上下左右，仔细观察清楚，确认安全了，才会安定脚步。而且，他做什么事情，时不时看看别人的反应，既看有没有大人关注，也看大人们开不开心。这说明他在乎大人的目光，也在乎大人的感受。这在小朋友里面不多见，感觉有了一点点世故，这对于一个两岁孩子是令人心疼的。我分析这跟爸爸很有关，估计你呢，一是做自己的事情多，很少陪孩子玩；二是陪孩子玩的时候，又跟其他长辈搅和在一起，造成孩子旁边围人一堆；三是喜欢带孩子玩你自己感兴趣的，拉起他就走，从来不问他愿不愿意；四是在孩子面前不注意控制自己的情绪，把自己的情绪直接传播给他，包括一些负面、烦躁的情绪……这些因素混杂在一起，就给你家小时带来了两个突出的问题习惯。"

我大感惊讶，立即认错："你这下的判断，可太准了。我服，我改。"

喀喀说："问题不大，注意调整就可以了。"

我说："其实你说的这些，我老婆也曾经陆陆续续讲过。我怕不专业，爱听没听。你这么一说，我才意识到问题的严重性。"

喀喀说："那倒谈不上严重，你也别紧张。小时的优点和长处，比问题多得多、强得多！你对儿子要足够自信！我给你具体提三点建议吧：一、爸爸要多花时间陪儿子，而且单独陪，不要围一堆人；二、爸爸要多倾听小时的想法，要多问小时：你喜欢这样吗？你希望是哪个呢？三、如果小时有抵触的时候，爸爸不要简单了事，而要细细问他为什么反感。其实呀，你不要觉得两岁多的孩子缺乏心智，他们是有想法的，是可以沟通出来的，沟通出来后他们是真正快乐的。"

我越听越高兴："哎呀，你这些观点，具体实在，赞！有两点我老婆也讲到过，看样子，诀窍所见略同。既然早教老师也这么说，我照单全收！你这喀喀，简直是喀秋莎！我要给你点唱一首《喀秋莎》。"

喀喀说："可别，其实你应该给孩子妈妈点唱《喀秋莎》！我去带小时上 3Q 课了。"

……

晚上璐璐从韶山归来，我准备跟她讲上午在早教中心的这段经过，尤其是喀喀的指教。不料璐璐微微一笑，无意倾听，只说一句"照她的做噻"，牵着小时，去哄入睡。我忽然明白了点儿什么，哦，早教老师这精准的推理！

# 第 29 篇

# 化用蒙氏育儿观

大名鼎鼎的蒙特梭利，作为众所周知的跨地连锁幼儿园，它主要采取意大利著名幼教专家蒙特梭利女士的育儿理论进行幼教实践，并根据蒙特梭利的卓越贡献而命名。从带着两岁易小时走进蒙特梭利幼儿园开始，我便对蒙特梭利及其育儿观，有了特别的关注与认识。

蒙特梭利是人类历史上堪称"儿童教育大师"的夸美纽斯、福禄贝尔、皮亚杰等最知名幼教理论家中，唯一的女性，唯一有过幼儿园教育改革亲身体验和切身经验的人，也是相对近世的一位，1952年才去世。蒙特梭利一句"人类的高贵来自于每一个人都是他自己"的高格铭言，足以使她位列人类哲学名家之林而毫不逊色。世界迄今唯一一个三次获得诺贝尔和平奖提名的履历，亦使她成为一位杰出历史人物。

面对这位涵养、影响双丰博的近现代幼教先驱，了解蒙特梭利育儿观，是最显事半功倍的幼教知识吸纳。我喜欢用自己的方式方法，学习别人的优长，哪怕对方贵为伟人、名家，也要被"化用"。勾画蒙特梭利幼教理论的逻辑线，提取蒙氏育儿观的关键词，取其思想精华，比照自家孩子的成长，就是我的化用之法。

蒙特梭利首先强调"人的第一意识不是后天给予的，而是先天存在的"，她把这叫作"精神胚胎"（蒙氏育儿观第一关键词）。随即相信，幼儿生命力表现为"自发冲动"（蒙氏育儿观第二关键词），顺而把家长、老师对儿童的自发冲动是压制还是引发，作为区分好坏教育的分水岭。往前一步，蒙特梭利认为，孩子具有内在心理学习驱动力、外在环境学习吸收力，小家伙会运用自己肢体的熟练度、身体的熟悉度，不断探索扩大"内驱吸收"（蒙氏育儿观第三关键词，亦称"吸收性心智"）的涉猎范围。每一次探索中所获得的愉悦感、挫失感和成就感，保底支撑孩儿的下一次探索，形成独立主动、积极正向、知难而退的性格特质。为此，蒙特梭利突出主张为小孩准备一个可以最大限度自由活动的环境，即"自由环境"（蒙氏育儿观第四关键词），她笃信地说："只要准备一个自由的环境来配合儿童生命的发展阶段，孩子的精神与秘密便会自发地显现出来。"她为此的理念与实操，被归纳为"儿童之家与蒙氏教具"的幼教文化成果，成为蒙特梭利幼儿园的刻意凭依。

在确立上述人性本体、空间环境的育儿观二维之后，时间流程是必然的第三维度，蒙特梭利进而提出"敏感期"理论（蒙氏育儿观第五关键词）。她把儿童的各种心理机能分析成不同的发展关键期（皮亚杰，以及大哲人卢梭也做过这种育儿阶段的分期尝试，可谓殊途同归），对应为体能、智商、情商等不同侧重的幼教敏感期，例如

2—4岁是视觉、听觉、触觉等感觉敏感期，2—6岁是对良好行为规范的知性敏感期。忽视敏感期的把握，就会难于弥补金色童年的灿灿金果。正因为"敏感期"理论的判断，蒙特梭利幼儿园至今奉行6岁为幼教上限，把0—6岁分解为：0—1岁半，为运动敏感期；1岁3个月—4岁，为细节敏感期；2—4岁，为秩序敏感期；2—6岁，为音乐敏感期；2岁半—6岁，为感觉能力、社会礼仪双重敏感期；3岁半—4岁半，为书写能力敏感期；4—6岁，为数学、空间关系双重敏感期；4岁半—5岁半，为阅读能力敏感期；而0—6岁，整个都为语言能力敏感期。

面对纷繁交错的幼教敏感期，蒙特梭利及时判断不同的个体，有不同的发展节律，与孩提"敏感期"吻合，称之为"成熟节律"（蒙氏育儿观第六关键词）。为适应不同的"成熟节律"，她又点明必须用不同的教育方法，由此得出"个别教学"（蒙氏育儿观第七关键词）的具体原则，让老师因材施教，让娃儿个性得彰，这与东方孔子的思想如出一辙——也可见东方智慧的孔圣人多么早慧。

医生出身的蒙特梭利，较之其他幼教流派，更为重视幼儿的肌体练习。她除了顺其自然的幼儿起居训练，通过坐、起、走、立、穿、脱、取、料理等行为动作，操练了孩子们的肢体外，还发明了种种器具如摇椅、螺旋梯等，帮助小朋友进行适应练习，精细到了唇、舌、牙等身体细位。这些过程，是"感官训练"（蒙氏育儿观第八关键词）的凸显，重在直觉教育。与直觉教育平行演进的，还有知觉教育，以数念和意表为主要代表，靠师生互动作业和儿童自我作业，达到自我发现与自我发展，其中"爆发式学会"（蒙氏育儿观第九关键词）为节点，通过铺垫积淀的知性练习，自然推展、节节进逼、爆发掌握到思维诀窍。

　　感觉、知觉的幼教践行，使蒙特梭利揭示这样的妙谛："成人无法直接帮助儿童形成自己，那于儿童是自然而成。但是成人也必须细心地尊重与促进这个目标的实现，就是提供儿童形成自己所必要的而他自己却无法获取的行为感受。"就是出于这样的颖悟，蒙特梭利幼儿园的老师一招教会小时妈妈璐璐如何辅导孩子学会自己刷牙，其做法是：妈妈帮小时刷牙，小时也要帮妈妈刷牙，在母子刷牙的交互中，易小时快速学会了自己刷牙。

　　以上九条幼教法，离不开一个总背景和总前景，按蒙特梭利的科学研究，那就是"原生家庭和原本儿童"（蒙氏育儿观第十关键词）。家庭给孩子提供原生态般美好的自然熏陶，保持孩子在原本状态下的自在修习和自由成长。由此，蒙特梭利不负上苍交给她的使命：真正了解儿童的本来，深刻喻示家庭的归属；让每个人从童年开始、从家庭开始，珍存生之幸福，一生取之不竭。

　　蒙特梭利的育儿见教当然远不止十句话，尽管这十句经典各已独创一门幼教科学。例如，蒙氏还说过，"儿童不会自己判断自己，他是以别人对他的态度来判断自己的"。这句箴言就被蒙特梭利幼儿园的老师们活学活用，预备给我"对付"未来更大一些的易小时之用。喀喀老师说了："老师早教课提问，没有首先点小时的名，小时受不了，我现在的方法是转移他的注意力。他再大几个月，你们父母就可以用心理学方法告诉他，'老师不点你回答，因为她知道你能够回答得出，说明老师已经认可你的能力。你不要难过，要高高兴兴看其他小伙伴有没有他们也挺好的答案。你认真听别人回答，你将来就会有更加多、更加好的回答！'"

　　我高兴于以自己的头脑，以不封闭亦不盲从的思路，系统吸收了蒙特梭利育儿观的精华。我佩服和感激蒙特梭利女士的隔代见教，同时也不忘东方之本、文化寻根，2016年7月17日星期日，我带两岁两个月的易小时冒着特大暴雨去参观湖南浏阳达浒孔氏家庙，走进大成殿前，我对儿子说"看孔爷爷去"；进殿后，看到孔子坐像上高悬"万世师表"的大匾，我爽朗念"万世师表"，小时随口接出一句"孔爷爷好"！还押韵呢，我大喜过望，希望孔子、蒙氏这些凝结经典智慧的东西方教育家，都能永远赐福我们后世的子子孙孙：人类每一代，更加聪慧与自由！

# 第 30 篇

## 地球仪前讲家与国

我偶尔拿自己跟易小时比一比，看看有没有哪些方面，他比我知道得多。一般来讲，在四旬父亲面前，两岁孩儿不可能胜出什么。但，仔细过滤，老爸好几道信息区，已经干不过萌娃了。

一是《三字经》，我只能背"人之初，性本善。性相近，习相远"等寥寥几句，而他是长段长段地拿了下来；二是"世界名车"等早教有声挂图，我根本没认过那么多的世爵、迈巴赫、柯尼塞格、阿斯顿马丁，幼子反倒全熟识了；三就是国旗，易小时能说出三四十个国家的国旗，我反而认不了，什么以色列、安哥拉、西班牙、阿根廷、新西兰等等，他对我简直"秒杀"。

国旗熏陶教育是孩子妈璐璐进行的，五星红旗已经是易小时的最爱。小时还被妈妈同步训练看地球仪。自从璐璐闺蜜戴晓杰女士给小时送来地球仪台灯，小时就喜欢转动地球仪，璐璐因势利导，给他灌输"全球化理念"。从母子俩的互动中，仿佛看得到人类如何通过地理大发现的艰辛历程，赢来"地球是圆的"的认知过程。几百年前伟大的航海家付出漫长的生涯代价，才实证人类对环球地理的正确认知，到小时这代孩子，居然只需分分钟，就知道地球是个圆、中国在一边。

与璐璐的国旗、地球仪亲子教育相衬，我也经常拿起《世界地图册》《中国地图册》《湖南省地图册》，对儿子展开熏陶，并在夜间于阳台上指着宇宙星河，培养他的宇宙苍穹意识、地球环境意识、国家地理意识、位置落地意识，间接也出来些领土主权意识等超龄的东西。南海问题凸显，国人对美国、菲律宾政府的态度群情激愤，我就指着地图上的南海疆域对孩子说："南海是中国的，应该叫作中国南海，不能叫作南中国海。"当"南海是中国的"从孩子口中说出来，我还是蛮激动的。这也算一份"民间爱国"吧，从自家娃娃抓起。

在国旗、地球仪、地图册、宇宙星河四者的熏陶之中，最好玩、最上手、最走心的还是地球仪。地球仪前，最可以进行"童子功"般的训练。看着璐璐经常带着小时转动地球仪，我很享受母子的对话——

妈妈："仔仔，告诉妈妈，你是什么人？"

小时："我是中国人。"

妈妈："你是中国哪里人？"

小时："我是长沙人。"

妈妈："地球仪上找找，我们中国在哪里？"

小时（转动球仪）："我们中国在这里。"

妈妈："我们中国像什么？"

小时:"我们中国像雄鸡!"

妈妈:"小时居住的长沙在哪里?"

小时(指到球仪的长沙大致落点):"就在雄鸡肚子里。"

"我们中国在这里—我们中国像雄鸡—长沙就在雄鸡肚子里",这难道不是一首亲子教育的押韵诗吗?尽管说来话大,却也兴味盎然。

我为地球仪前的爱国情、乡情、母子情而快慰激动。地球仪前的这份"童子功"训练,其宏大的环球视野、国家地理,尽管两三岁的孩子不可能感知,四五岁幼童不可能真懂,但这份对国家的敬畏、对成人的抚慰、对儿童的激励,毕竟在一指一点间、一言一语中,潜滋明长。好儿郎长大,终能发奋图强!

# 第 31 篇

## 爸爸请喝茶——敬爱父亲

喊小孩给大人做事,逗幼童为长辈服务,貌似好玩有趣,或是大人的自私、长辈的无良,我一般不愿这么干。但有一件事情,孩子对我是主动招呼,我很享受,也没有丝毫道德耻感,反而心安理得、更加快慰!那就是两岁的易小时招呼:"爸爸,请喝茶!"

这不是我们教予孩子的,是他自己观察跟进的。"亲爱欲+好奇心+干预力+照顾性+成就感"的五瓣萌芽,像六安瓜片那么美。亲爱欲、好奇心是孩子的本能,干预力、照顾性是孩子的常态,成就感则是孩子的秘诀。

我每次泡茶,都当着易小时的面。我经常提举茶叶筒,问儿子"这是什么",小时每每高声应答"一号绿茶"时,父子忒陶醉。这"一号绿茶"是有故事挖的:小时一岁半学会"从一数到十",两岁前有了"1、2、3"的数序思维(相对于 $1+1=2$ 的数量思维。目前,小时虽然能说"$1+1=2$"和"$1+2=3$",但这是背诵下来的,不是计算出来的。而"1 之后是 2""2 之后是 3",小时是掌握了）；我把"一日游"从岳阳平江的南江镇幕阜山和加义镇芦头岭（北罗霄山）先后捉的两只螃蟹养在一起，本想把幕阜山系偏黑色的那只和罗霄山系偏红色的那只分别唤作"小黑、小红"——"红与黑"，小时却自行喊作"这是一号螃蟹""这是二号螃蟹"——简直"小二黑结婚"，可乐坏了全家。现在，小时更把我爱喝的家乡湖南宁乡沩山毛尖叫作"一号绿茶"（专业茶学上，沩山毛尖其实属于黄茶），把黑茶研究和经营专家曹树荣先生分享给我的金花黑砖叫作"二号黑茶"，把妈妈璐璐爱喝的祁红、滇红叫作"三号红茶"，把妈妈闺蜜楫浩自制送来的小白瓷功夫茶叫作"四号爱茶"。而且，小时看到我平常泡茶、倒茶、喝茶美滋滋的，其实涵泳在心，不仅分清了"烧水、泡、倒"等流程，意外温馨的是，他总跑过来说："爸爸，请喝茶！"甚至经常说出"爸爸在写文章，小时请你喝茶"这样饱蘸情感的完整句意！

其实由于我、外公、婧妈妈（易可以妈妈、易小时婶婶）的多番教导，小时早说得出"屋子里的三大危险"。小时说，"电风扇危险，会砍手指头；碰开水危险，会烫手和脚；碰插头危险，触电会没命"。他有这样的警戒心，日日摩挲中，分得清"开水泡茶上、下半场"。刚倒开水，他会躲远，嘴里说"开水危险，爸爸小心"，我已经麻酥；"上半场"，他会提醒"爸爸请喝茶"；到"下半场"，也就是他判断茶壶已经不烫手了，又会跑过来，说"小时要倒茶，爸爸请喝茶"，我会以无可比拟的欣悦与沉醉，拿着他的小手，满足他想给爸爸倒茶的愿望，享用这份小时爸爸终身甘贵的舐犊之情的反哺满足。

我最深感于心的,是茶这个玩意儿,只能成人喝,孩子就喝不了。

为什么不提倡小孩子喝茶?对于学龄前儿童来讲,茶碱、鞣酸等刺激人体中枢神经系统产生兴奋的物质,以及阻滞其他必要微量元素吸收的物质,不是非充分发育的低龄生理阶段适宜排解或控制的,将可能导致失眠、尿频、贫血、消化不良,进而影响睡眠、发育,甚至妨碍早岁健康生活规律的形成。

为什么成年人应该多喝茶?因为茶至少是中老年最适宜的饮料,它能抑制细胞衰老,使人延年益寿;它能克制细菌生成,使人健康和谐;它尤能日复一日,悄悄遏制癌细胞和恶性肿瘤生长。同时,它消除身体疲劳,促进新陈代谢;它能维持心脏、脑体、血管、肠胃、口腔等器官机能的正常持久;它能维系血液的正常酸碱平衡,甚至帮助匀速造血。而且,它能提振精神,增益思维,强化记忆;它还能减肥、美容……这可不是做广告,我也没收谁的广告钱。

# 第 32 篇

## 开始"十万个为什么"

我少儿时代一个重大的阅读缺陷,开始显露"知识储备危机",进而出现"亲子教育难题",那就是自己没有系统和认真读过《十万个为什么》。由此在自然科学知识领域捉襟见肘,无法及时准确回答孩子的"现象类提问"。

人的一生,从小开始,就是解决和享用两件大事,解决不懂的、讨嫌的,享用懂得的、美好的。求知就是人终身的解决方案,学自小,学到老,一路找解,像摇滚歌手崔健所唱、流行歌手韩磊追捧的那首《解决》。我曾表达过对于孩子培养,数《十万个为什么》和《上下五千年》两部书最重要,一书解决掉基础自然物理,一书解决掉基本社会人文,正是为着找解。由于科技一头的阅读缺失,弄得"父亲的威信"减了些分,有点懊恼。

爱侄女易可以做完幼儿园"毕业晚会"的主持人,满了六岁,即将上小学一年级,她最近问起的题目,"地球总是在转动,为什么人却感觉不到",我就没讲清,紧急补习"十万为什么",才解释出几句:"人对运动的感觉,只有两种来源,一种是自己的身体感觉在动,另一种是眼睛看到身边的物体(参照物)有位置变化,觉察出运动。地球总在转动,人也随着地球一起动。但是由于地球转动时像爷爷的性格,沉着冷静,不慌不忙,不急促剧烈,带给人的角度和速度变化都很微小,所以人体不能直接感觉出有运动。要是地震,也就是地球急促剧烈运动,人体就有运动感知了。至于我们周围其他物体,跟地球球体、我们人体的运动角度和速度是相同的,也无法(通过参照物)感觉到地球在运动。"以上,勉强算是小孩子听得懂的语言了,我和易可以要一起感谢《十万个为什么》。

2016年六七月间,易小时满两岁以后,陆陆续续开始有些提问了,比如"搅拌机为什么转动"等。我认为的"易小时元问",神一般的自然天问或社会天问,当属8月11日星期四的高难度提问。楼上人家叮当作响久矣,他突问外婆:"楼上为什么装修?装修为什么大声?吵小时睡觉了。"得知这个提问,我大感意外,其中涉及他知晓了"装修"这个词汇及含义,一句话问出了"装修为什么大声"的自然现象、"楼上为什么装修"的生活情形、"吵小时睡觉了"的社会关系,才两岁多一点的孩子,这么个问法——我称之为儿子的"开始十万个为什么"——8月底9月初,小时进入"连珠炮问"阶段,见什么都关注,情况、特点、成因、结果,都要问个为什么,一口气就是几问、十几问不间断:"爸爸,为什么叫天空?为什么有天空?天空为什么在上面?为什么是蓝色?为什么有白云?……"

形势日趋紧迫,为父深感压力,教师节前后思定如下部署。

(1)幼子开始"十万个为什么"的当口,爸爸也要开始"十万个为什么"。过去没读过，就补习；过去有掌握，就重启——尤其是《十万个为什么》（新世纪版）这部书。具体，每天自学三篇（即三问三答），大概三年补习完，那时孩子五岁多，正可以迎来小学一年级。

（2）声威赫赫的《十万个为什么》（新世纪版），由一代科学大家、曾任中国科学院院长的卢嘉锡先生主编，一大批科学名家担任编委，分十二册。按顺序为：

《数学分册》。理科的科学家们主导的编纂，果然从数序体系、数理逻辑开始。不过我倾向于，少年该从数学开始，儿童还是从动植物、自然现象开始要适合些。

《物理分册》。我在自主知识产权的哲学奠基作品《天人七序——人类文明的总体传承》（即人文随笔《独步遐想》第一篇）中，把人类知识结构总体二分为物理和人文。本卷是"小物理卷"，"小物理"其实也正是"大物理"的核心——数理是基础，（小）物理是核心。我翻开尘封多年的《物理分册》，惊讶地发现了自己于2005年5月在扉页上题写的一句感言，"好多文章我看不懂，将来只怕当不好孩子的父亲"。

《化学分册》。物理变化是变位，化学变化是变味。（小）物理是研究"变形（量变）"的自然科学，化学是研究"变性（质变）"的自然科学。

《动物分册》。动物法则是物竞天择、弱肉强食，越是高级的动物越能"强食"。但是最高级的动物本身应是裁判，是弱肉强食的调节者，反而超越了弱肉强食。人就是最高级的动物，因能够自觉躲免或节制"强食"、愿意保护或迁就"弱肉"而成为"最高级者"。人类研究动物，是为了更好地化解弱肉强食、维护生态平衡。小孩子掌握动物知识，一是满足兴趣，二是培蓄关爱。

《植物分册》。动物的新陈代谢只是为了它自己，植物却以新陈代谢的光合作用，同步哺育世间万千生灵。人类因之呼吸，我们得以活着。我们要感恩植物，感谢它的水分、它的绿意、它的生息。人类研究植物，是为了更好地造化环境、美化生态、优化身心（例如乐享"小粒径负离子"）。小孩子掌握植物知识，一是满足兴趣，二是培蓄"被关爱"——谁善待植物，植物必善待谁——这是植物不同于某些动物之处，植物界没有"农夫和蛇"。

《人体科学分册》。这是"生老病死"所注定的人性本体科学，"生"是最大的帮手，"老病死"则是最大的敌人。面对"老病死"，保健是基础，并且是从小到大、永不掉线的课题。小孩子接触人体科学知识，越早了解"内向小宇宙"，越能兑现人类前贤在古希腊神庙上的永恒教导，"人啊，认识你自己"！像男孩的"小鸡鸡"，从尿尿到生殖，不能不有个讲究的传授过程；很多家长给孩子的正确性别教育，是从直面裸体开始的。我不反对这种"从裸体开始"的"十万个为什么"。

《地球科学分册》。我们赖以生存的地球，以地质科学为重点，兼及世界地理、国家地理。长大一些，还要讲授另一部伟著《上下五千年》（并《世界五千年》），地理知识与历史知识结合传授，作为地缘政治来讲解，效果最好，故而"地球之地名部分"当前不急。就对人生的塑形而言，《上下五千年》是青少年阶段最重要的励志读物。一个心里面收留了刘关张的人，格局完全不一样。

《宇宙科学分册》。"天人合一"因"天人遥对"而引人怀想仰望，成为一种说起容易做到实难的最高境界。须将有限本我的人体科学，向无限超我的宇宙科学作出投映，以"内向小宇宙"和"外向大宇宙"为对冲，才有可能"知己""知天命"进而"天人合一"。小孩子亲近宇宙科学，就能拉近辽远、拉近星空、拉近梦想，破解神话、破解梗阻、破解奥秘，增添志气和勇气，早日变成一个不迷信、有力量的人。

《环境科学分册》。做一个参与环保的人，是人生在世最低的社会性要求。一个人，哪怕没有任何社会贡献，只要他是一个环保人，不曾因为自己的到来，污损过身历的环境，他就是一个人口的正数。我希望易小时在听讲"环境一万个为什么"的过程中，知晓自己的环保责任义务，蒙幼起，恪守之。

《信息科学分册》。谁不通晓互联网应用，便将是新时代的新文盲，一点也不光荣。小孩子天然是眼明手快的互联网用户，没有他们抠不动的电脑，没有他们玩不会的手机，个个无师自通、厉害得很！大人玩不过孩子的。但是，玩手机和电脑容易成瘾、容易油腻。需要宏大理性的信息科学知识适时介入引导他们，让他们随着成人礼，由"网奴"变"网民"。

《工程科学分册》。人类社会最大的问题，或者干脆说，有史以来的全部问题，主要是建设者与破坏者的攻防搏斗，好人总是在建设公正与美好，坏人总是要破坏公平与安宁，有时出于价值观误判，有时出自纯粹的坏心。以机械工程、建筑工程等为业务核心的工程师们，几乎都是没有坏心、没有争议的物理领域的积极建设者。而相应的工程科学知识，凝聚了极大规模的劳动当量、技术含量、智慧能量，足以为孩子辈所放心虹吸。

《索引资料分册》。就《十万个为什么》（新世纪版）形成的最新版本而言，第十二册即最后一册是"名词术语索引单"和"图表"等，是为了辅助前十一册阅读而做的索引。而在我看来，此册其实该是"面向未来"分册，也就是开放式拓宽延展的新知分册——知识永无止境，真理不可穷尽，今天的"十万个为什么"必将为"十亿个为什么"所续写。"十万为什么"可以精要替代既有知识的堡垒，但无法精密覆盖未来求知的征途。人类社会的魅力，永在前方的未知。

系统认真阅读过《十万个为什么》而后的亲子与教子，肯定不一样。因为《十万个为什么》的所有提问，原本就是采集于日常所见和生活拟真。比如上次去湖南省浏阳市淳口镇永乐村参观"江南第一古银杏"，我就能告诉易小时，银杏被称为"中国活化石树"，一亿多年前在地球上其他地方因为冰川运动而绝迹了，只在我们中国存活下来，因此现在银杏树是我们中国特有的。而"中国"，就是爸爸车上 CD 所播放的周芳阿姨演唱的《我的祖国》和楼兰阿姨演唱的《我爱你中国》里面那个"我们自己的祖国"。我也足以告诉小时，你吃的"冬笋"是冬天从土里面挖出来的竹芽，"春笋"则是春天长在地面上的竹芽。

同样因为《十万个为什么》，我修订了过去的数序教育习惯。以前教孩子，从一数到十，仿佛"零"根本不存在、等于不存在。而现在，我带着易小时从零数起，〇一二三四……我告诉小时：零不是没有，而是开始；至少，可以是开始，即一切出发的原点；我们父子面对累赘和负能量，要敢于从零开始、善于归零开始、从容于清零开始，开创一段段美好的叠加。但是面对重任和正能量，又不能拿零打地基，我们"不怕神一样的对手，也不怕猪一样的队友，怕就怕一个基数为零的速朽"，怎么乘与积，人生都是零，这绝对不行！——显然，这些理念，是已经拜《十万个为什么》所赐。

对于孩子的教育，动用《十万个为什么》中的知识结构和文化思维，难点唯二，且突破之：一、十万个知识点，密轧轧如何甜蜜蜜？二、如何用小孩子听得懂、听得欢的语言，声声入耳，事事关心？

最最关键的妙招，决然在：让孩子自己提问，从此问出他的"十万个为什么"之气象。

# 第 33 篇

## 把孩子培养成怎样的"追星族"

愿不愿意自家孩子成为一个追星族，或者希望小孩成为一个怎样的追星族，是许多家长都会想一想的问题。两岁多的孩子会不会成为追星族，我拿不准。一方面，他已经能喊出一些明星的名字，也能非常明确地告知我们，爱听谁谁谁的歌。比如说特别爱听电影《海外赤子》中的知名插曲《生活是这样美好》，我收藏的版本是小时姐姐易可以喜欢在前的刘玉婉"牛叫版"，就是歌唱家刘女士在第二段起始模仿"牧童驱犊返"的呼牛小叫，特别逗乐孩子。小时在屋子里说起"听刘阿姨的牛叫"时，忒趣；歌曲播着播着，他经常感叹数声，"生活是这样美好"，搞得满屋子更加美好起来！他接着感叹"我好喜欢刘阿姨"——这是追星吗？

另一方面，他时常把我拖出书房座椅，很正经地问一声："我为什么是爸爸的命根子？"我说爸爸最爱你，没有你就没有爸爸生命的延续，所以你是爸爸的命根子！他又问："为什么我是妈妈的命根子？"我就说妈妈也最爱你呀，没有你就没有妈妈快乐的源泉，所以你也是妈妈的命根子。说明他是在有强烈自我意识的基础上,喜欢众多"刘阿姨""沈洋叔叔""廖敏冲姐姐(昌永女儿)"的。

易可以六岁多时,已经开始了追星生涯,她喜欢"小歌星"王俊凯,略显痴迷,要想关闭这个人的电视画面,必须预备半个小时的闭幕缠斗。

在社会上,要讲每个人的发奋图强——这是我的心声,希望每个健康人自食其力、有所作为,高一点的要求是卓然立世、潇洒行世!希望每个人活在自己与公众的两利世界里,活出自我的精彩,而又完善四周的生活、增添社会的美好!

追星本身是好的,粉丝是有爱的,至少有明确的爱的对象,这比"冷漠无爱亦无趣"好上百倍。他们确也活力充沛、精神百倍,令人羡慕热情腾腾。但是,追星要有正确的度——态度和尺度。爱自己偶像的目的,不是简单的臣服和狂热的追捧,而是从偶像的身上和作品中,去汲取审美的源泉、崇美的力量,用以提升自我品质、提振社会生活!

一般来讲,一个人成为明星,是有他的核心魅力的,也就是个人最大化的力与美所在。他这种最大化的力与美,肯定是人类贯通的一些高位价值,是艺术造诣和人文精神,而不是名气光环本身的浅照。我们追星做粉丝,是要去追和黏这样一种高位价值,吸纳当中的力与美。不要着眼于或者停留在生日蛋糕、签名照,这个层次太低了;更不能因为自己迷恋一个明星,就乱印海报示爱,哪儿抢眼哪儿贴,甚至篡夺交通指示牌,这就有点扰乱公共秩序了。

人当然可以有自己的偶像,我也有上百个偶像,覆盖社会百业、人生百科。不说科技上的钱学森们,随便文艺举例,听京剧我最爱尚长荣,听越剧我最爱方亚芬,听美声我最爱吴碧霞,小提琴我最爱吕思清。我还给吴碧霞、吕思清写过信,想给他们写音乐传记,吴碧霞女士谢绝了,但吕思清先生答应了,可惜我一直时间不够用,未达所愿而吕先生《人生如乐》先出。这里我想说明,追星的目的,不是附庸别人,而是擎领自己、资益一众;借鉴他人路向,学习他人优长,从而发生自我志向、发现自我特长、实现乐创乐享——这是追星族的正向标准含义。

明星跟我们相比,有的是光环、名气,也有成就与造诣,里面有些是浅层次的,也有深层次的,力与美一定是最深层次的!我会从小教育自己的孩子:可以追别人的星,那是识他人之长;应该做自己的粉,那是图自己的强!当今这个社会,我们永恒的人类社会,创造者和创建者才是最大的明星,各行各业卓然成家者,什么政治家、企业家、科学家、思想家、文学家、艺术家,都是社会精英,大胆仰慕他们,勇敢超越他们——前方只有一个声音在召唤:世界因为有我而不同,社会因为有我而美好!这样,所有的适度追星,其实都在完善粉丝自己,进而完善社会与未来!

我的孩子若成为这样的追星族,我是欣慰的。明星与我们,可以做比较,也可以不比较,因为有些事情可以比较,有些事情不能比较,有有价之比,也有无价之比——无价之比,就是不能比的。无价之比是指,每个人在这个世界上,决然独立的个性、志向、特长、价值,都属于他自己的真正独特,无人可以相比,包括他的任意偶像。在这个意义上,最高级的追星族,应该是自己的追心族！——追随自己的心，师法一切高贤，去寻找、设定和释放自我的最大生命独特性！——基于力与美的创造性与创建性，通过共创性（靠大家）和独创性（凭自己）来双轨完成——悟此者，生气涌，绝壮于前。

# 第34篇

# 怎么让孩子读四大名著

许多网友认为,"四大名著以及一些国外经典名著不适合孩子看",因"《三国演义》中充斥了阴谋诡计,《水浒传》满是打家劫舍,《西游记》里蕴含着浓重的佛教色彩,《红楼梦》大讲色空幻灭",给四大名著扣上了"厚黑""暴力""迷信""色情"等标签,对"四大名著"的结论就是"少儿不宜"。湖南电台名主播赵慧琛问我:四大名著适不适合孩子看呢?你打算什么时候、以什么方式让易小时接触四大名著呢?

这真是特别有味道的话题,四大名著意味有多浓,这道话题就多么有味。我想先直接表达对上述观点的看法,再来谈如何让两岁四个月的易小时今后陆续接触四大名著和其他世界文学名著。

孩子本来是一个较宽泛的概念,撇开老年人喊50岁的儿女也是叫"孩子"不谈,按照大部分人不会否认的年龄阶段,九年制义务教育及以下年龄的娃儿,都可以称为标准化的"孩子"。那么孩子,不但整体的年龄段难以一概而论,个体的差异化更难以一言以蔽之。

加之"四大名著",也有至少两种理解,原著和改编(且不说更丰富的形态延伸)。故而笼统地说"四大名著适合孩子阅读"或"不适合孩子阅读"都是说起来容易、确证起来难,操作起来更须具体分析和详加费心。

中国的孩子该看什么书(注意不是说:爱看什么书)?大家都有权表达自己的文化教育思考,也各有善意分明的道理。2016年秋,时任北京大学考试研究院院长秦春华先生发文指出四大名著中某些具体内容,是存在一些麻烦的东西,不仅跟孩子难于适龄对接,甚至跟当代成人价值观也不能完全相容。他提醒大家注意下一代培养的时候,对血腥、色情、权术等不道德、非法治的信息有所区隔,是需要的,乃至必要的。经历诱惑可能是人性问题,但抗拒诱惑是理性问题,这些初始诱惑性大、排解代价高昂的信息内容,人生早年能躲则避,如此才能让纯正的品格悠深牢靠些。我赞成秦先生的类似掂量。

同时,要完整评估四大名著,大切面看待四大名著的主维价值。它们绝对是人类文明巅峰之作的一部分,是"中华民族魂"级别的精神瑰宝和伟大精品,是取之不竭的精神力量和文化源泉,也可说是当代文化产业人物嘴里常蹦跶的"国民IP"。《三国演义》和《水浒传》是传统中国人生歌剧的大合唱,《西游记》是传统中国人生歌剧的宣叙调,《红楼梦》是传统中国人生歌剧的咏叹调。中国人无论男女,尤其是男人,面对原著,应该至少读三遍三国、两遍水浒、一遍西游、多遍红楼——前两部读义而取义,中游读志而蓄志,后楼读情而钟情。

《三国演义》和《水浒传》分别从官方政治（社会人伦）、山寨政治（民间人伦）的维度，经大篇幅、高曲径、极致化、归宿解的故事绵述、人物比对，诠释、验证并进一步凝聚、弘扬了我们民族魂中最重要的忠孝节义等传统人文精神，不仅过去不灭、当前不灭，而且万古不灭！

《三国演义》和《水浒传》所感受的人物命运，哪怕是英雄，也是渺小的，在历史风云中飘忽而起、飘忽而落。但是，尽管过程烟消云散、结局悲伤惆怅，精神却永存永正。《三国演义》和《水浒传》的终极表态是，人凭精神品格与担当（"义"）过活，成败不论，终身无悔，贵在上下挺立！

《西游记》以超现实、极瑰丽的想象，把人的梦想与追求、奋斗与经行（个体人伦），呈现为一个全程神话，宣叙了个人励志、团队合作、朋友帮忙、明确目标、排除万难、坚持到底的奇妙和谐。

《西游记》所感受的人物命运，是浩大的，具有"齐天"的大圣神性魔力，并最终呈示出成功和乐观。《西游记》的终极表态是，人凭志向过活，有"志"者事竟成，永不放弃，贵在左右坚持！

《红楼梦》以文学史上最充分的一次写实创作，把中国传统家族生活（家庭人伦）写得周彻通透，文意丰盈且文笔丰繁，艺术造诣不亚于世界任何文学名著，绝不让于莎翁托翁。

《红楼梦》所感受的人物命运，既不微小也不宏大，就是实实在在到家里来——家里头的几口子，有卑小的一面，也有强大的另一面，叫作活生生的人或活脱脱的人生。

从《三国演义》到《水浒传》到《西游记》，是一个写实向夸张的增量过程；而到《红楼梦》，大向度峰回路转，一下子扔弃夸张，回到了最完全的写实，几乎是中国传统社会过日子的百科全图。调性的选择，从前三部的"悲→喜→悲"，诚如著名女高音歌唱家万山红主唱的"悉尼歌剧院——四大名著交响音乐会"中一句唱词，《红楼梦》是一出"痛断肝肠的悲剧"，整个一曲"葬花吟"——悲情发生的原因也由国家和社会，收束到家庭和个人，即读者最身边——只因爱和理解所发生的误会偏差，撕裂了家庭、亲情、生活，毁了几乎每一个人，包括"质本洁来还洁去"的花样年华人——成就了一部"告别英雄、迎来儿女"的只关乎普通人的旷世长篇冠作。

《红楼梦》的终极表态是，人凭爱和理解（"情"）过活，能理解与能被理解的爱，才让生活实实在在、和和美美，贵在周边关怀！

我本人从小就是四大名著的精神受益者，相当熟悉四大名著内容，三国的一百二十章回都能对出上下回，水浒的一百零八将都能喊出本名诨号，感谢长辈熏陶。但高中以前，读的不是小说本身，原著到高中、大学才系统地看了看，因为太厚重，实在捧不起。小时候，我读的是"版权IP"当代转换版——人民美术出版社质量相当不错的连环画。记得四大名著连环画里，一集一集尽是些我们孩子成长所需要的正向价值，如善良、仁厚、忠诚、智慧、勇敢、坚强等——这不就是秦先生所抛话题的正确答案吗？

第一招——以"连环画"这一孩子喜闻乐见的形式，进行"电影分级制"般的名著内容信息筛选，选择孩子可读的兴味、教益部分加以传播传授，熟悉大致内容，熟稔情义精华，不就顶好了吗？！——所有重要的人类文明成果，包括世界文学名著，都可以和应该向孩子们作早期的、主动的、蒙育式的传导，只需注意适龄的信息转换。这里面有一番成年人帮助进行的价值判断在先，这是必要的，但绝不应该整体封堵包括四大名著在内的文化代表作对孩子一辈的早期传感。

第二招——以"讲故事"这一同样让孩子喜闻乐见的形式，进行四大名著的经典普适段子的抽提，如"三顾茅庐""草船借箭""武松打虎""燕青打擂""大闹天宫""金猴降妖""元春省亲""探春理家"等，就从两岁多起，结合不同情境，讲给不断长大的易小时听。这两招"分级制"阅读办法，不仅可用于四大名著，也可视情况应用于其他世界文学名著。

无疑的，长大中的易小时，迟早会读起四大名著的原著，可能跟他爸一样，在高中或大学，也可能提前至初中，但小学阶段读原著的可能性不大，心轻手轻书太重。不管中学还是大学，等到易小时读完了第一遍原著，他就可以辅读针对四大名著的深度文化解读之名作，例如旅台历史学家、社会学家萨孟武先生的《水浒与中国社会》《〈西游记〉与中国古代政治》《红楼梦与中国旧家庭》和《毛宗岗评三国演义》《金圣叹批评本水浒传》《李卓吾评本西游记》，以及《易中天品三国》《冯其庸点评红楼梦》《王蒙活说红楼梦》等几部还过得去的辅助书。

而进入至少大学阶段，易小时读完第二遍原著，就可采用我相当欣赏的当代才女盛子曰的"结网阅读法"了，大概是"读了一年的《红楼梦》，不是只读了曹雪芹原著一年，而是把跟《红楼梦》民俗文化关联的当时能搜罗到的经典之作，食谱、药材、茶道、礼仪、园林等，甚至沈从文先生的《中国古代服饰研究》，都通读了——读书就是结网，每读一本书，就打一个网结，发现哪儿有漏洞、接续不起的，马上补读，把网织密、做大，就可以捕更大的鱼、更多的鱼"。

最后就是成年岁月，再读一遍四大名著。如果精力来不及，可以只选读《三国演义》和《红楼梦》——四大名著如果是轴承，这两部书是两端的轮柄，结合人生体验，温故知新而读，之后继续前行，感受大大加深。

这样的"五步式阅读四大名著"，我称之为：

初步——故事放电和人物触电，不读原著；

二步——首次阅读原著，文学加思想，新奇之渴求；

三步——续读原著，结合阅读题材直接关联的题内延伸著作；

四步——再读原著，结合阅读素材间接关联的题外延伸著作；

五步——重温原著，随感念走，无拘无束。

这样读四大名著，就是一个中国人的成长侧记。易小时也是这样一个被四大名著哺育起来的中国人。

地球仪前的全球化易小时

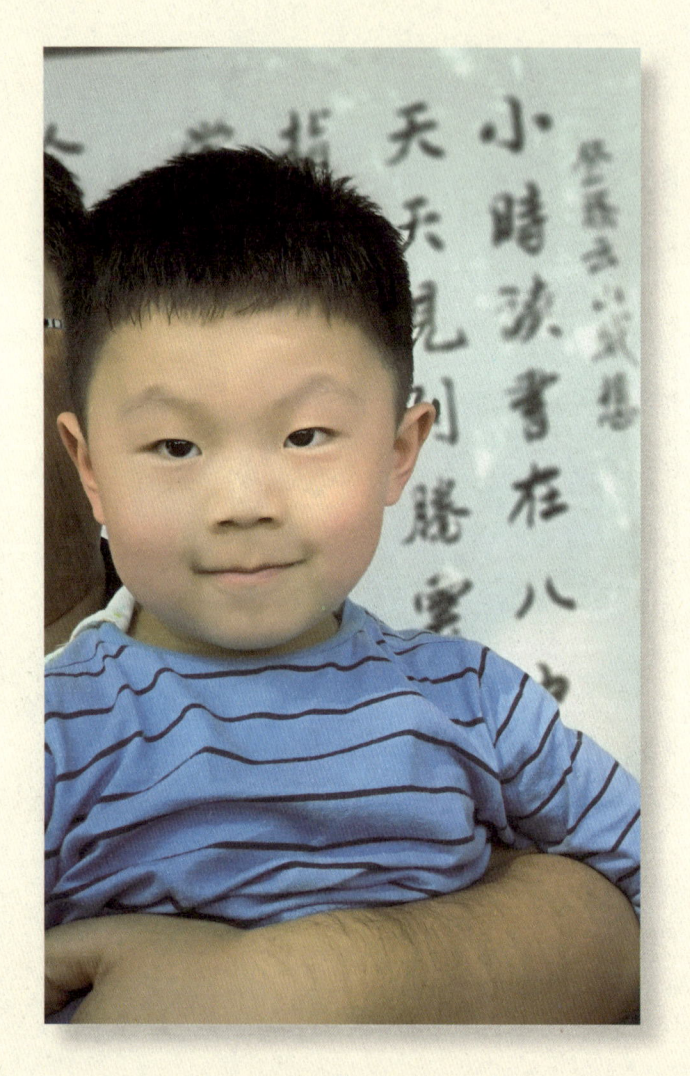

易小时与"小时读书"

小时得钢琴金奖

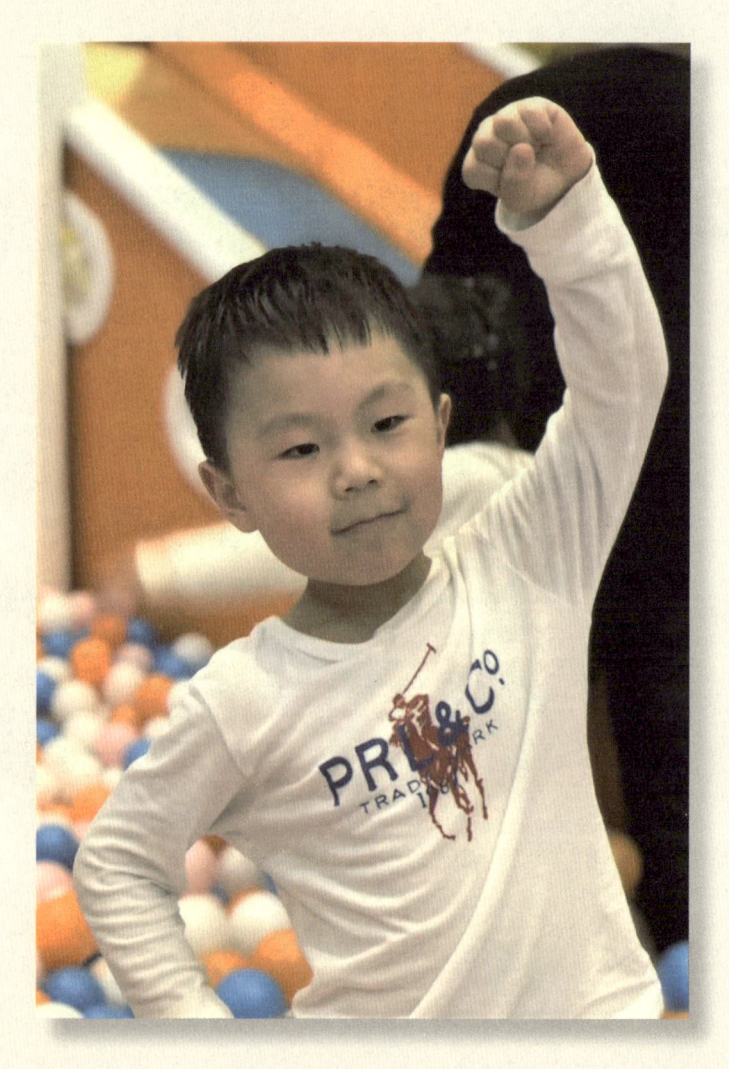

阳刚"运动员"易小时

# 第 35 篇

## "三头六臂"教孩子

小时在家人面前,自由烂漫,想法巨多,无不可为,一到早教园子或陌生人中,又相当拘谨,常处于无线电静默状态。

身为父亲,对此的看法与璐璐、喀喀存有分歧。我认为,这完全没事,不算一回事,孩子的成长是一个可以推一推(大人认为好的)、阻一阻(大人认为糟的),但终究也莫强推、莫硬阻的过程,人生在不同阶段一定有各自的窍门和开窍,只要把握他纯净萌情的心,和融会贯通的脑,他在该怎么样的时候,终究就会那么样。

喀喀是个专业行动派,还是认为要尽量统一起来,让孩子消弭内外差别,男孩天性开放、不腼腆为上。璐璐又是折中派,似乎永远都是中庸主义者,鼓励喀喀老师作出引导,对我的态度也并无呵斥。于是出现的局面是:喀喀在早教中,不断强化引导小时合群;璐璐在家教中,诱导小时重温巩固早教的合众意识,又继续在亲人友人间让孩子"旁若无人";我则不顾这些,只管孩子是不是一个爱注意四周(观察力前奏)、爱提问一切(想象力前奏)、爱联系全面

（记忆力前奏）、爱推导结论（思维力前奏）的小家伙——他从小铸就如同核当量的"脑当量"、如同肺活量的"心活量"，他终将会是著名互联网大咖李开复先生所嘉许的"花若盛开，蝴蝶自来；人若精彩，天自安排"的"未来期货派"，成为"人让大千世界充满无数可能"的又一个作为者——他年幼时，在不在群体中，若即若离随他的便。

喀喀一个脑袋、一双手臂，璐璐一个脑袋、一双手臂，我也是，观念、举措不尽相同甚而颇显歧异，却求同存异、相得益彰地合成了"三头六臂"，像儒释道三合一，从各自向至，去影响孩子，不施强力，润物无声。

喀喀老师按自己的（抑或蒙特梭利早教中心的）教育理念，坚持外向合群培养方法，促成孩子的积极主动参与性。

璐璐以发自内在的耐心和本来就有的认知，呼应喀喀的建议，对小时的每一个"为什么"详加解答，并且时加反问，使孩子在问与答中不断变得敏感。做小游戏、讲故事、绘画，每个夜晚都有新的题材和常识贯穿于其中。由于璐璐、喀喀的联手，小时注意四周、提问一切的习惯形成得比较快。

我坚持我的"道理传授法"，不管孩子是否能听懂、已听懂，我就当作他能听懂、会听懂，去讲述一段段前因后果，很享受他萌萌呆呆、认认真真的脑门和眼神。他懂吗？又不懂吗？一个提前给幼子讲道理的爸爸，一个亲子新时代的道学先生——我造就小时以联系全面、推导结论的态势，不由分说。

我绝无意说易小时是个小天才，小时也不会是天才，但是他半思半忖着长大,渐有生龙活虎的一路精彩(别的孩子都是这样,就看父母记不记录)。

　　小孩是天生的观察者、想象者、记忆者、思维者,只需我们大人拿一点初步的辩证法燃烧两把火,他就旺起来了。我无比疼爱孩子,情感上觉得有了儿子小时就焕发了全部世界,而理性上恰恰是需将全部世界装进我儿小时——自小贯通于脑当量、心活量。

第 36 篇

## 童星之路能否通往艺术家的终站

　　体能和才艺，是家长非常注重的儿童素质。很多家长带着孩子坚持锻炼，并形成一家子的运动规律。我在这个方面很惭愧，文创太勤，生活失衡，惰性不起身，对易小时的体能训练只好仰仗外公外婆、拜托爷爷奶奶。老人家的锻炼本也不是剧烈运动，室内室外，从容不迫，对两岁半的易小时很适宜。孩子妈璐璐则把较多精力用于小时的心智上，对才艺已经有所培养，第一是画画，第二是说唱。

　　我也掺和着，自行给小时设计了一些游戏样式，例如把他托在我的颈部和肩膀，家乡湖南宁乡话叫作"骑高马"；对着直线跑，叫作"对跑"；左右摇摆着走曲线跑，叫作"折跑"。他可喜欢了，每天都要骑在爸爸头上，作威作福，对跑折跑。后来加了一个戏码子，让璐璐在沿途做手势抓他，然后我们父子猛冲过去，把这叫作"冲破封锁线"。听着小时更加热切的喜爱与呼喊，却对"冲破封锁线"发音不准确，可乐坏了。

　　还有就是父子相互扮演动物。从广东长隆野生动物园回来后，小时每晚都要我扮演一遍老虎、狮子、大象、斑马、袋鼠、长颈鹿才肯睡，我最后要装作长颈鹿状，拼命伸长脖子，看他乖乖进了被窝没，尔后做企鹅的肥摆状离开——这一幕，带过孩子的家长们可以浮想，实在比憨豆先生"憨逗"一百倍不止。我这么"每晚变身禽兽"的回报之一，就是孩子也渐渐成了演技派，小时演动物、小老头、音乐指挥家、看书的知识分子，越来越像模像样。"平生知己"之一潘晨曦笑问："难道你想把小时往童星之路上带？能通往未来的艺术家终站吗？"我思考开来：需要把易小时培养成童星吗？童星之路，又能大概率通往表演艺术家之终站吗？

前不久有则社会新闻，算是同此一问：一段由小孩子表演的《白蛇传》视频在微信朋友圈疯狂刷屏，不少网友对这群几岁小孩的"神演技"点赞。有人表示，这部由可爱的小孩子动情演绎的作品，简直把人看哭。据说，这群小演员下一部翻拍的极可能是《还珠格格》。也有人发出疑虑，"让几岁小孩以小小年纪出演爱情神话，会不会毁灭儿童的纯真？"——让小孩子成为童星，应该鼓励吗？让童星来演成人情感戏，该叫停、禁止吗？结合对自家孩子的培养路径思考，我说呀——童星不童星的，这是一件有教无类、因人而异、量体裁衣、素质发挥的事情，既不能面向少儿群体做整体的提倡鼓励，也不能面对表演小天才们做局部的叫停禁止，那是两个极端。这件事情，就该遵从个性化对待原则。

一方面，不适合提倡所有的小学、幼儿园都去培养童星，更不宜训练孩子表演成人感情戏、情感剧。一个童星寥落的社会是缺乏生趣的，无论儿童看儿童戏，还是成人带着孩子看儿童戏，都离不开儿童形象与角色的灿烂，也必然会产生童星，否则只能证明影视文化领域的儿童精神食粮不够。

另一方面，社会也根本不需要过多童星，繁星满天的童星世界会变成一种浮华的灾难。社会上可能需要大量的明星和表演艺术家，来丰富我们模拟人生、寄托理想的戏剧视界，但儿童重在身心发育，主要任务是成长，而不是背负创造性。儿童影视艺术作品较之成人，在精不在多，只求精品化，但求以生动的故事、正当的道理、健康的演艺，来打动孩子们并成人们。而且，社会还拥有动画片、木偶剧、皮影戏等符合儿童收视特点的艺术包装形式去熏陶他们。从而，儿童的影视创作与收视规律大不同于成年人，不能按成人艺术世界的生产力标准，去要求"童星扎堆"的生产关系。

即使会产生一些童星，我也不主张对他们进行人性上的超龄训练和文化上的超龄表演，无需或不可进行艺术上的超龄承载。《魂断蓝桥》《红楼梦》那些人类社会最伟大的爱情演艺精品，需要高度的情商与心智，才能把握其情爱精髓（罗伊、玛拉那么相爱，宝玉、黛玉那么相爱，却终身无一刻床第之欢，这是我直到四十不惑，还感动不已的）。《白蛇传》《还珠格格》虽然更加大众化、通俗化，也同样不宜交由小孩子来演绎。童星会估摸一些初萌的情感，会猜蒙一些成人的情愫，但一定是外在的模仿远多于内在的体会——绝不会有一个两岁五岁八岁的、十二岁以下的从未抵达过青春期的少年儿童，会直接成就为丰富内在的表演艺术家——人类自古至今，有过一个低于十二岁的表演艺术家吗？当然没有！秀兰·邓波儿也只是小童星而不是艺术家——小童星与艺术家虽然都能赢得观众人气，乃至赚取观众眼泪，但有本质区别，其区别就在于：由于生理与心理的年龄局限，孩子的表演只能是对大人的简单模仿，哪怕惟妙惟肖，也没有令人深度心动的眼神与情思——传情的眉目、频送的秋波、莫愁前路无知己、相逢一笑泯恩仇，小孩子的脸上出不来、眼里出不来、心头出不来，他们的表演效果仅限于卖萌可爱！我们印象极其深刻美好的《闪闪的红星》中"潘冬子"祝新运、"琼瑶剧"童星金铭等，无不可爱、健朗、纯净、温馨！但，小孩子可以装作生离死别，却决计演不来"葬花吟来痛断肝肠"的人间绝恋！

我乐于见到有表演细胞乃至天分的孩子们，去练一练、演一演适龄的角色，演绎他们的同龄人。无论是专门的演艺门径发展，走向童星去；还是只偶尔秀一秀，丰富一场节庆般的童趣而已。我也不存在看不起"演艺自模仿始"的通常逻辑，即使成年人进入北京电影学院、上海戏剧学院学习，也是从看经典表演艺术之作开始的，也是以观摩和模仿开始第一课，只不过模仿作茧的历程很短暂，悟性好的，很快就可以凭自身圆熟的生活理解，在艺术感觉上破茧而出，进入自己可以深度把握命运沉浮、尽致演绎性格悲欢的角色世界。

可惜我注意到，艺术史经验表明，小时候是童星的，长大未必能够成为表演艺术家，似乎基本没有这样的成功先例。有许多童星似乎没有延续演艺之路，或者虽然延续却还没有在表演艺术造诣上呈现出公认的进境。这说明什么呢？单纯模仿的作茧和心领神会的破茧之间，不是"童星早发光"可以速催速成的；表演艺术的浑厚造就，必须跨越人的青春期心际领地，务必完成"孩子长大了"那番心灵跋涉。故而——

　　我宁可两岁半的易小时十年之内毫无表演履历，无需他成为童星，也更情愿他十年之后能够跨越自己的青春期心际，成熟起来，步履从容地走向表演艺术的殿堂，或者向其他高维的物理或人文领域从容而进。

# 第 37 篇

## 带小孩子过洋节纯属凑热闹

进入 12 月份,不久就要面对所谓的"圣诞节"。中国爸妈该不该带小孩子过洋节呢?其实在 10 月、11 月之交,已经面对过"万圣节"了。不少幼儿园甚至动员家长给孩子购买这个外国"鬼节"的衣服、面具、魔法棒等,到幼儿园集体"过节";北京、长沙各大超市的所谓"万圣节道具"遭到疯抢,南京有家长直接抱怨,"什么鬼万圣节",简直是"万圣劫难"。现下更不得了,就要面对圣诞老人了,要孝敬的圣诞树、圣诞礼物可更多了。中国爸妈们,怎么看?怎么办呢?

就民族文化自尊心来说,我对国人在中国"过洋节"是反感的,就像非华裔的欧美人倘若热衷于过"中国式春节",我丝毫不觉得是中华文化的复兴征兆,反觉得挺别扭。

回顾一个多月前我对中国孩子过万圣节的态度,两个鲜明态度聚于一炉:非常赞成+强烈反对——非常赞成幼儿园的孩子们玩各种各样的游戏,包括一些不太恐怖的鬼节形态游戏,练练胆量也好,别吓坏孩子就行；以及更多的西方儿童游戏形式，变形金刚、米老鼠唐老鸭也都是来自西方的；同时，又强烈反对那种赶着西方节庆的应点应景——在中国这片土地上，我连圣诞节都喜欢不起来、信任不起来，更别说什么体现人类心底"抗拒自然恐惧、渴盼神灵护佑、臆造人神和谐"的所谓"万圣节"了。我的这一看法，连带圣诞节的态，也表完了。我不主张在圣诞节、万圣节等西方特色节庆上，中国人趋之若鹜，还领着孩子一哄而上，搞成东方人对西方人的"东施效颦"。

进一步申明我的文化态度：关于孩子的熏陶培养，有浅、平、深三层次；浅层，是看热闹、凑热闹的直观见闻；平层，是有所鼓励和感染的精神授予；深层，是文化根植的基因赋予。故而：

第一，深层说，要从文化基因的根植，来根本判定"过洋节"是否可取。幼儿园的小孩子已经开始懂事了，文化初萌就发生在童年，然后记住一辈子，也温热一辈子。我们的早教内容，要慎于人之初，要精选我们民族的优质文明，和宛如天地精华的人类文明普适成果，致力于深层文化基因根植。东西方宗教色彩的东西，我不认为属于人类文明成果的普适精华部分，不但不属于，反而少儿不宜；除去部分宗教音乐、诗歌可能有例外（例如巴赫、莫扎特、贝多芬的弥撒曲和王维的禅诗），宗教敷设的圣诞节、万圣节等西方节庆，不具有全球化的免疫力，至少中国少儿不宜。

第二，深层再说，大国小民，不扎根中华大地，肥沃不了中国，不密植文化通识，茁壮不起人生。知道圣诞节、西方年、圣诞树、圣诞老人就可以了，无需把精力年年岁岁做仪式、"过洋节"。中华民族本身有着非常灿烂的传统文化，可以也应该进行更加灿烂的现实创造，根本不用拾人牙慧、自作多情。自有文化成果，况且取用不完，再加上动物界、植物界、天体气象、衣食住行、生活百态，可创意性转化、创新性教化的太多太多，何不认真过好"中国节"。

第三，平层而言，平心而论，中外文化交流、个人成长生涯固然都需要体现为竞合之歌的浏亮圆通，让竞争与融合，汇成一曲，但爱国主义精神还得是文化基础。民族化的核心竞争力终归是竞合基座，民族融合、个人融合是始终的面牌，民族竞争、个人竞争却是永恒的底牌。最炫民族风，须从娃娃抓起、让娃娃记下。我们的教育行政管理机构、幼教科研机构、早教执行机构，包括教育局、教科所、幼儿园，要共商齐行"从娃娃抓起、让娃娃记下"的民族经典文化大略和现时社会素质预备。这是一个不能忽视、不应懈怠的教化体系工程。

取法乎深，故作以上之论。最后，保守起见，浅层来讲，小孩子年年"过洋节"也没啥错，无非一场见闻体验。没什么过不得门，没什么下不得地，不必要如临大敌。但实话实说，爸妈带孩子过圣诞节，无非混个熟场、凑份热闹，除此以外，没什么文化营养的有益吸收，更谈不上文化基因的有机根植。

我确信，孩子的早教，是基因的活计，要深到基因层来对待。

# 第 38 篇

## 自主研发肢体互动游戏

两岁多的儿子，正处在长身体、长记性、长悟性的好时候，可不能淡吃慢待。除去家人带着易小时骑童车、做体操、学动物等，我还"自主研发"了一些"原创型"肢体游戏。主要有：训练小跑的"对跑/折跑"与"冲破封锁线"，练习蹬腿的"飞鞋"游戏，捉迷藏的"唧呐咯"（家乡湖南宁乡话），模仿骑行的"骑高马"，适应旋转的"长声音、短声音的宇宙飞船"，"做动作猜谜语"，床上玩耍"快飞机（迅速甩丢）/慢飞机（慢慢磨蹭）/鸡蛋飞机（架着打圈圈）/毛毛飞机（架起来抠痒痒）"，手随篮球故意吊卡球筐的"趣味投篮"，假装不小心打到自己的"憨豆拳击手"，舒展臂力的"降龙十八掌"，引诱孩子快乐摸抠的"装死/复活"，让孩子可以突然反制爸爸、战胜爸爸的秘胜武器"超声波/原子能"，同时训练反应能力和辨别能力及演奏能力的"三弹错琴"，等等。我的意图是：

通过自创一些肢体互动游戏，随便就可以玩起来，还很尽兴。顺便还可以降低购买器械、玩具的成本。

原创这些肢体互动游戏的过程,是父子相互激发创意的快乐过程。爸爸想到一个什么招式,怂恿孩子做;孩子提出又一个什么需求,怂恿爸爸弄;相互促进,各种肢体变化和情绪变化不绝如缕。

在这样的游戏"自主研发"过程中,孩子的记性越来越好、悟性越来越高,父母事半功倍。

围绕游戏的自行设计,出来了很多新鲜名堂和名词,等于给孩子童年的许多特定标记。

我把肩扛孩子的直线奔跑,叫作"对跑";左右回折甩摆的曲线奔跑,叫作"折跑"。小时很感兴趣,还问:"为什么要对跑?"我回答:"对跑因为直线距离最短最近。"无形之中把"直线理论"教给了孩子。而小时问:"为什么要折跑?"我回答:"折跑是左左右右、摇摇晃晃、快乐动感,更加好玩。"

躲、捉迷藏是谁都会玩也玩过的简单游戏,爸爸藏起来,孩子去找,尔后,孩子躲,爸爸去找他,这是锻炼智力的流程,可以从易到难、从简到繁,先躲在茶几后面,逐渐到阳台上、门板侧、窗帘下、蒙层布、小云梯,最后躲到户外,孩子自己也一次次善于掩饰、躲藏——中途还教给他一些自我防护常识,例如电源线插座处不能躲、饮水机和热水瓶旁边不能躲,"因为很危险,烫手就会没手,触电就会没命,所以不能靠近",孩子自己能说清楚了。

一举三得——第一得,从小玩得欢;第二得,从小知危险;第三得,从小传承乡音乡情——"唧呐咯",是老家湖南宁乡巷子口的土话,捉迷藏就是喊一声"唧呐咯",别人再去找。

最简单的,是"飞鞋"游戏。一般在家里都是穿拖鞋,于是就给儿子表演飞甩拖鞋，看它们在空中旋转多久，或者能够飞出多远？看上去很土，却让孩子聪明得水灵，什么都可以拿来玩、学、练、想。在这些游戏过程中，小时经常口口声声喊道"会笑死去"，把家人、熟人笑个半死。

几乎所有的父母，都面对过这样一个难题：孩子来了牛脾气时怎么办？他大闹，他大哭，都不好对付。最好的办法就是转移孩子的注意力，只要运用"毛泽东军事思想"主动使"敌人"按我们的路线走，"声东击西"就能化解危机。拿游戏转移孩子的注意力，就是一个很有效的奇招术。

一家三口"自主研发"的肢体互动游戏，效果最好的还数"地对空大作战"，包括"骑高马""冲破封锁线""长声音、短声音的宇宙飞船"等组部件。这一系列肢体互动游戏，不要交学费，不要交材料费，俯拾皆是，信手拈来，说玩就玩，创意迭变，孩儿自己也是创意设计师。

孩子悟性成长的过程，会由肢体反应向言语反应传导，小脑大脑齐运作开。易小时的生活反应也更趋丰富，如2016年5月至12月的半年间，他的这些日常习惯生成和强化——

他哭的频次很少了。身子撞了哪里，刚哭会儿，便自觉自勉一句"男儿有泪不轻弹"，就不哭了。

他中英文双修进展颇快，英文歌口齿清晰，唱起来风味十足。《生日歌》要唱足双语版，字母歌要唱准每一个音才罢休。进入街市、书店，认得很多招牌和封面。

# 第 39 篇

# 怎么处理孩子打架问题

易小时四岁时,"欺负"了幼儿园一位女同学。知情后,我们分别给小女孩的家长、园里的老师致信。这大概能算"怎么处理孩子打架问题"的一份正式意见了。

小时妈——蘅蘅妈妈,我和小时爸爸一定会问易小时和老师们情况,如果易小时确实出现对蘅蘅动过手的情况,我们和易小时一起来道歉。这个年龄段的小孩之间难免会出现这样的情况,但我们为人父母、为人导师,有责任也有义务予以及时的修正和引导,并且注意未来长时。

这则短信,小时妈妈连续使用了三次"易小时"而不是"小时",可见对自家孩子有些生气,对蘅蘅父母颇难为情。

小时爸——什么时候的事情呀,先搞准实情。但,借此向蘅蘅爸爸表明一个态度:今后,如果易小时欺了贵家千金,哪怕一次,也请告知我或小时妈妈、外婆,类似情况,尽量第一时间告诉我们,谢谢!小时若不对,肯定诚意致歉!管好自己的孩子,确是起码的责任。

随即又发出短信，给小时的老师——静静老师好！幼儿园外，孩子之间的打或挨打，家长不要着急和互怼互怨，但是可以、也应该告诉老师，一起找到正确的教育方法。打人伤人的一方，必须向挨打受欺的一方道歉。如果还有前期诱因需搞清，先就眼前的伤害道歉，再回溯回议。基本搞准前因后果，大致分清责任，依据责任，由老师组织孩子之间的一方或相互道歉并取得谅解。幼儿园里，若系第一次发生冲突，伤情可忽略的话，老师应让家长知情，但不必让双方家长卷入，孩子之间解决好即可。若累次出现打人伤人，则家长参与，责任一方家长来道歉，并要想着如何管好自己的孩子。对易小时，我们打算这么做，并会长期坚持。我们是易小时的家长，某种意义上也就是同一个园其他孩子的共同家长，须用心对每一个孩子关怀尽责。当然，老师们在其中起着关键的教育、监督、勾连、化解作用，我们家长向老师们致谢和致敬！我的上述意见，您可以转发给其他老师和任意家长。意见不对之处，大家尽管指出。诚挚谢谢！

# 第 40 篇

## 天真知足牵系家庭幸福

某个周末,我说:"孩子生下来后,无论男女,做父母的都会爱得胜过自己。孩子一问世,马上增进父母感情,可以无限的重!湖南卫视《爸爸去哪儿》上王岳伦、李湘女儿王诗龄小小年纪、大大名堂、人见人爱!孩子能维系父母感情。"

璐璐纠错:"用词不当,'维系'该改'牵系'。夫妻之间有个孩子,就能维系父母感情;孩子教育得好,更能牵系父母感情。维系是浅层次,维持婚姻家庭的正常存在;而牵系,指孩子有种主动的黏合力,能引导父母感情更融洽。王诗龄的情况应该是牵系,萌得可爱、有水平。"

我头次听说"萌"也有水平,问:"萌,还有水平吗?"

璐璐评说:"有啊。你看王诗龄咯,她很容易知足,很礼貌,很友好,可以说幸福感很好,觉得世间一切都很美好。她对爸爸的手艺总是称赞,她对居住环境从不挑剔,她对身边的人能表达天生的热情,都是以萌的感觉来体现的。她的幸福门槛低,但幸福指数很高，这与她家的名气、财富无关，她不需要懂得这些。这就给国民以启示，要正确理解幸福，才能拥有幸福；天真的、知足的幸福，可能是最直接的幸福了。"

我赶快表态："带上易小时开拔月湖吧，享受天光下的湖畔漫步。向知足、天真看齐！"

# 第41篇

## 写给五岁的小时

2019年5月21日星期二,易小时满五岁。小时妈妈给他写下五岁生日寄语,全文如下——

**写给五岁的小时**

小时,今天你五岁了。

好像四岁刚满,还在昨天。

之前的你,咿呀学语,蹒跚学步,吃饱打嗝,无忧无虑。一天,你哭着对我说,钢琴实在太难了,妈妈我不想学了。一天,你笑着对我说,终于有了自己的舰队自己的兄弟,不许说他们一句坏话……一天一天,串起来又是一岁。

四岁到五岁,在强压与抗争中,钢琴总算是坚持了下来。英语学习刚刚起步。独立阅读的习惯逐渐养成。从恐龙到三国,你收获了无数从未知到已知的惊喜。爱上阅读,你会拥有想象的空间和生命的力量,会有更大的底气支撑你走遥远而艰辛的路。学会坚持,体验量变引起的质变，你会知道怎样打怪升级，突破自我局限。结交伙伴，你会明白"我"不是全世界，懂得珍惜自己，也学会善待他人。

期望你长成一个阳光小伙的模样。赤诚，勇敢，独立，开放。

这些很重要。

这些也都不重要。

重要的是，我得尊重你长成你想成为的样子。尽管我们对你满怀期待。

你想成为一个有价值的人。

或者，你想成为一个成功的人。

抑或，你想成为一个普通人。

交由你自己决定。

五岁以后，很多命题，可以开始求索和探讨。

愿你知晓感恩，时常快乐。

愿你勤于思考，乐于创造。

愿你在成长的路上，慢慢享受。

生命的丰富，思想的力量，万物的奥秘……

妈妈：佘璐

# 第 42 篇

## 来自爷爷的第一教诲

这是小时爷爷易凤葵给小时爸爸易柯明题写的"九个第一"的家教之诲,毫无疑问也是易小时的最佳家训——

农家子弟,谈何容易?

柯明幸哉,三十而立。

恰逢周末,回乡欢聚;

八十阿婆,即兴鼓励;

乐享天伦,满堂甜蜜。

忆尔少年,思辨犀利;

盘根究底,提问怪僻。

涉世初始,著书三部;

穿越历史,文传古邑;

乡亲叫好,古楼重葺。

新闻始步,群英济济;

勤能补拙,才华靠逼。

任职副总，严于律己；
党的喉舌，把关宜细。
千里之行，自强不息；
与时俱进，征途谨记：
人生漫漫，健康第一！
世情复杂，心态第一！
生性刚烈，理智第一！
力戒浮躁，宁静第一！
公务事大，责任第一！
目标设定，步骤第一！
珍爱人生，璐儿第一！
放眼社会，家和第一！
构筑未来，小时第一！

# 附录一

## 题扉五绝

我先后在两次演说中，对听众朋友说过，万一我家不幸着火，在人员已经安然无恙的前提下，只能救出一样东西，一定不是银行存折或其他物件，而是书房里书柜上的五本书。

我是一个写书的人，著书立说是我为社会做贡献的长时间最可行的做法。截至2020年，我感到满意甚至得意的已出版专著有五部：史论随笔《穿越历史》、留学随笔《创意之旅》、人文随笔《独步遐想》、演讲随笔《巧舌如芒》、时评随笔《社会透视》。

显然，我"火中必须救出"的最情愿对象，就是这五部书。而且不是一般性的这五件纸质，而是特定的五本。哪五本特定的书呢？就是妻子璐璐逐一亲笔留下长篇题扉的《穿越历史》《创意之旅》《独步遐想》《巧舌如芒》《社会透视》五个珍藏本。

这些题扉，无不是小时母亲对小时父亲的文化甚解，无不是情理并茂、独起风骚的心性美文。墨迹本身可算硬笔书法，文辞本体更是哲学高见。

这里，把佘璐的五篇题扉，刊记下来，影印附随——

### 期待更大的骄傲

——2006 年 7 月 13 日，璐璐题《穿越历史》扉

校对柯明之《穿越历史》，

深觉自己与他的差距。

虽然他一直并排坐在我身旁，

我却在仰视着他，

还有他的骄傲《穿越历史》。

极其希望在我的陪伴下，

有一天，他能兴奋地告诉我：

他的某本书已经超越了《穿》，

成为他更大的骄傲。

那时，我不仅为他骄傲，

也为自己感到欣慰……

### 他之幸福，即我快乐！

——2007 年 7 月 15 日，璐璐题《创意之旅》扉

应该说，我是这本书的第一个读者。由此我也沾沾自喜，似乎《创意之旅》的诞生与我有关。然心中自知，一个人（包括柯明）在事业、理想上的成就感是其他任何都不能替代的，包括我和他的感

情,虽幸福无比,面对书中每一篇凝聚着他的思想、才华、智慧、心血的文字,仍显苍白乏力。为此,我骄傲,也平衡,更满足!因为,《创意之旅》是他的幸福,则也是我的快乐!

在心底与柯明干杯——为他又一次人生的蜕变。本书不仅是十几万字的文章,更是对丰富生活思考的成果、思想的升华,或瞬间的顿悟、大彻。或许,最大的意义即在于此。

《创意之旅》出生了,除却祝贺,我更期望柯明的人生之旅继续高洁下去、精彩下去……飞跃一次,再一次!

并以此共勉。人生只有一次,要靠自己书写。

## 以文明为信仰

——2014年4月6日,璐璐题《独步遐想》扉

柯明的新著在博集天卷、江苏文艺的支持下如期付梓出版、再印了,于亲友是一件可以道贺的事,于我——这个与他朝夕相处的人,所见所感却是他不分昼夜、废寝忘食、为之痛苦为之悲愤为之欣喜为之雀跃的遐想历程。

正如怀胎十月,每一篇文字、每一缕思想皆是智能与心绪的破茧,是思维与情感的出窍,是被文明呼唤、被文明孵化的一次次灵光闪耀、一次次出走归来。

人生是该有信仰的,是该有理想的。我每每为柯明书房深夜或黎明的灯光而忧虑时,又不免为之欣慰。一个有信仰的人,一个以文明为信仰的人,终究是踏实的、幸福的!作为他至亲至爱的人,

我愿意成全他的信仰、他的理想，让他永远像一个被文明召唤的孩子，哪怕顽童，保有纯净的心灵、崇高的灵魂，直到永久……

如果一定要写下具体的期望，那么我期待、等盼该书的作者——我肚子里马仔的父亲，在未来的人生旅程中，能在理想与现实间、出世与入世中自由穿行，做一个智慧的父亲、一个通达的现代人、一个卓越的文明人！

**再创精神世界，索求精神抵达**

——2018年初，璐璐题《巧舌如芒》扉

每每看到《巧舌如芒》这一书名，心里总会忍俊不禁。想起刚成家合伙过日子时，一旦说错话或接不上话，他就以自己有"精神官能症"为借口。因此我已常年为他供应"醒脑神药"，该有十年之久了吧。如今精神高能、巧舌如芒，我也为多年的"药效"颇感欣慰。

小时两岁，父亲出版这本口才集，是时爸工作生活之空隙的一种记录、一种再创造。如他自己在后记中所说，"写东西不轻松，可以偷懒不记，但每每偷懒一时，最终只有一辈子的空空如也、年华逝水"。每个人认定的生命价值各不相同，他是一个更看重生命的精神价值的人，即使累着身心，也必须通过记录、思维，再创精神世界，索求精神抵达。

也因如此，所有与时爸"一颗明珠"（猪）对话的人，成为他书中记录的"名字"；所有与他"交手"过、联手过的事，成了他书中的故事。所有记录的人和事，与他的生命，与我们的家有了"缘"的关联。他的生命、我们的家、我们的小时也将在这种温暖如春、阳光如缕的光芒下生生不息，文化相传。

**蓬勃、激扬、敞亮的生命精神**

——2019年10月，新中国七十华诞，璐璐题《社会透视》扉

时隔三年，老易再出新作。

这套《社会透视》，不同于以往任何一部他的专著，是易先生又一身份——新闻评论员的思想成果。

三年来，只要是在938做评论的清晨，他都是家里最早起床的人，让我这个身边人都为之感慨。不论严冬还是酷暑，就是这样一个早晨再一个早晨，一次评论接着一次评论。下了节目即刻记录下来，便生出了这套《社会透视》。

三年评论，他收获了更为开阔的视野和思维边界，也收获了不少听众粉丝的亲切称呼"易老师"，还收获了除工作之外他投入情感和心力颇多的"卅大朋友"。我曾不满地说，"你的心里只有你的卅大朋友"，但在我心底，却无可言说地为老易幸福着，只因他蓬勃、激扬、敞亮的生命姿态和精神状貌，交得一群思维同等活跃且可以思想碰撞、共鸣或互补的友人，真是可遇不可求的！"人生得一知己足矣"，老易已得三十大，他是何其幸运！我，作为他的妻子、小时的妈妈，也收获了"卅大朋友"的昵称"璐璐""璐老板"等，我因此也何其幸福！

最幸运的是易小时。他的每一次生长、每一步向前，都获得无数诚挚的点赞与点评。他的童年因此与众不同。他是在父亲、在这个家庭的文化浸润下长大，在卅大长辈的文化熏陶和爱的鼓励中成长起来的。

相信小时会像他父亲一样，长成向上的、赤诚的、阳光的、坚定的、挺拔的样子。

等小时再大些，好好读读《社会透视》。

# 附录二

# 小时爸妈的情书

**生命感恩与璐的出现——谨写给我今生唯一重要的姑娘**

（2005年　易柯明致佘璐）

感谢命运，感谢天赐，我认识了她，走近了她。

前世的她，是冰山上的一朵雪莲，看上去曾经很"冷"，然而洁白无瑕。今生的她，是芙蓉国里的一朵睡莲，深永地卷藏着江南女子的温情，只是等待一位英勇男子的唤醒。从过去、现在到未来，她都该是我心中一再幻想着的、最美丽幽香的那枚花朵。

认识她是倏忽间的事，缘自我或许堪称奇特另类的办报创意与实践。走近她却是几经波折，经历的不乏常人都曾有过的少年维特恋爱中的烦恼。然而，奇特或平凡，都已经发生了，由此，我定格了一生爱的追求。于我的情缘而言，肯定不会，不会再有比她更值得幻想与猜想的姑娘了，我的守望到了终端。

我的情感坚持与品格坚持是有意义的，因为最终，有个她，一切负数都变成了正数，一切最终都因为她而有了意义。一切波折中的烦恼都转而成为生命历程中最最美好的铺垫，所有的苦涩都化成了甜蜜。

"不是你的终归不是你的"，然而，"是你的也终归是你的"，她的这句话，叩动了我一生的梦想，影响和改变了我——一个即便万千圣哲之言也未必足以打动他的人的心。

今儿个，2005年，我尘土三十年的收局之年和烽火十年的初燃之年，我因为她，而确定了生命中新的美妙开始。人生的轨迹因而改变，一艘旗舰由此而改变了它的航程，猎旗呼呼以不可逆转的力度与气势顺风而扬。

旗儿在飘扬，心儿更在飘扬，像对着明晰在望的灯塔而招手。

也许我真的是该自惭形秽的，对于美妙的结局我何曾敢奢望。但我对她的爱是真诚的，这辈子没有这么深情而持久地、忘我地爱过，热烈中激情盎然，冷静中理性俨然。这种沸腾不已的爱今后不会再有了。

我一定要追到她，历尽千辛万苦也无悔。

要有个叫"易小路"的娇娇娃（2014年注：九年后，生的是儿子易小时），抛洒我的父爱。孩子的妈妈，如果是她，多好呀！孩子这辈子有个最好的妈妈，最美丽警觉而矜持自尊的母亲。

一年三百六十日，她可以拒绝我三百六十次。但我分明看得到她拒绝背后的生活真谛。爱是毕生的赠予，爱是毕生的承诺。花儿的美丽使她学会躲闪，花儿的幽香使她学会隐藏。她不愿野蜂飞舞，也不求山花烂漫，她只在幽谷静待一次唯一可靠的折枝。通情达理、赏心悦目，是我坚信的她拒绝背后的少女时代的两大珍藏，她以此耐心等待给她的命运折枝的赏花人。

通情达理、赏心悦目——这就是她，佘家璐璐，代表我最高爱情憧憬和极致人生快乐的意中人。

如果有缘，我愿意叫她小璐，如果有情，我终究会叫她璐儿。如果她是我的妻子，如果我的妻子是她，且看我如何振奋人生、报答苍生。上苍待我太好了，我要洒向人间都是爱。

如果她不是我的妻子，我就没有妻子。孤独以终老，以心守望和守护冰山雪莲、芙蓉国睡莲，梦中花落而去。

君子一生，一生君子。

诚挚一生，一生诚挚。

我喜欢"璐"字。

一个叫佘佘的璐璐姑娘，我爱。

这个叫佘璐的姑娘，我唯一的爱。

我以忠贞不渝的爱情观在守望着一个结果。

我知道佘璐就是这个结果。

上苍注定赠我一朵冰山雪莲和芙蓉国睡莲，她已经出现。

我用全部的心灵力量和生命价值来守护她的盛开。

开吧，我心中的雪莲，我因你而日益洁白。

盛开吧，我心中的睡莲，我因你而阳光灿烂，晴空万里！

易柯明

于长沙

2005年11月24日刘少奇主席诞辰纪念日兼感恩节之际

**写给魔丈的信——勉励＋慰藉：魔幻个性的模范丈夫**

亲爱的易老大：

想写封信给你，不是因为自己浪漫或有才情，是我认为，在忙碌疲惫的日常生活中，写信是最有把握与你深入交心的方式。

很多人问，我为什么称呼你"魔丈"。我会很坦诚地说，你是模范丈夫，也是魔幻丈夫。你有让我高山仰止的人生理想，有从不懈怠的志趣追求，也有一个魔幻、奇特、不同寻常的精神世界。

从我们2005年认识，2007年结婚，一起走过十年。和你一起，我有很多收获和成长，也有些许遗憾！你比我年长八岁，带我见过我之前没有见到的风景，领我走进我之前完全陌生的领域……日常生活中，你经常考我问题。每次看完电影，你会问，能否用一句话谈谈我的观后感；每次到一个地方或者看完一本书，你会问我喜不喜欢，为什么；每次你写作，我都是第一个读者，你会听我的意见。我们的生活里少有柴米油盐，却经常和我谈及八大山人、金庸、阿加莎·克里斯蒂、柴可夫斯基……在你的身边耳濡目染，我的视野也开阔许多。正如你所言，如果我不嫁给你，也许一辈子也不会聚焦很多专业领域的知识，更体会不到将逻辑推理运用到生活中的无穷乐趣……我经常感叹，你是一个幸福的人，因为你有一个常人无法拥有的丰沛的精神世界！你沉浸其中，并为之专注、倾心、狂热又偏执！可以肯定，即使你的伴侣是另一个人，也会和我一样经过日积月累的熏陶，再也无法拥有一颗止于尘俗凡世的心。当然，万事皆有两面性，你的个性、品格、价值观定格了你的生命底色，你永远不可能做一个苟且、附庸、凶狠、敷衍之人，当然也不可能安于男耕女织的恬淡生活。大众夫妻那样每天朝九晚五、柴米油盐的轻松闲逸，对我俩而言却是莫大的奢侈！我想，这是因为两个人心中对生命都有梦想有期待，追求在有限的生命里拥有更广阔、更丰富的体验。

说到遗憾，缘于有一段时间，你在事业上感觉不是进入顺风顺水、拨云见日的境界。我使尽浑身解数都没能宽慰你的心，解开你的结。那段时间你的处境导致自己的状态有些不好。但我一直对你充满信心，我固执地认为，总有一天，你会走出阴霾和崎岖。坦诚地说，我当然期望你能获得世俗的认可和成功，也认为你具备干一番事业的才智和德行；但同时又无比渴望你能身体健康、心情愉悦！这太重要了！是一切的一切的前提和根本，是我们家庭幸福的基石。其实，你对自己的要求和标准很高，你每天满血奋斗的样子便是我心底的信念。每当我回到家，看着沙发上坐着弯腰弓背、辛苦劳作的你，或者躺着体态臃肿、疲惫不堪的你，心里总会涌上一丝酸楚！我真的希望你能把所有事务安排妥当，掌控得力，游刃有余。总之，在世界上，至少有一个人永远相信你，不只是对你的人品，包括对你的智慧、你的能力、你的未来。

有很多话想对你说，但我每天也疲于奔波，没能勤于沟通。你经常说，老婆不用这么努力。其实，我也不想枉费青春、虚度年华，我不想让父母多牵挂，不想给你加负担，不想让生命留遗憾。好在我俩互敬互谅、惺惺相惜，不必多解释也从不猜疑、不抱怨。有了这份默契,就是一辈子难遇的福分,这样的默契也是我们家幸福的源泉,是我们事业上前进的动力。

十年了,现在我们也有了自己的孩子易小时。希望下一个十年,再下一个十年,我们能一起见证彼此或共同的更多成绩,一起去远方看我们想看到的更多更美的风景。

在这封信的最后,想对你说,工作也好,生活也好,都是靠人来创造的,困境是靠人来扭转的,愿你一辈子都能化干戈为玉帛、化腐朽为神奇。相信时间是公平的!

不论怎样,春风得意的时候,别忘了你只是易柯明;落寞孤寂的时候,别忘了你还有小时、我,还有个家。

写于2009年,修订于2018年　小时的妈妈、魔丈的妻子　佘璐

# 附录三

# 人生必读的三十本书

作为一个不只是热爱阅读、简直是拼命阅读的人，有必要把我的藏书方式、读书方法、极品阅读推荐清单，分享给《亲子哲学》的读者们。也算是对前文的一份超值奏报。况且，我被评为"长沙十佳书香家庭"户主之一，本文也是我对读书生活的一次总体交代。自信这是迄今为止，人类文明史上最好的一篇读书策动文章。

## 一、小时爸的一贯藏书方式和原先读书方法

### （一）藏书特征及观念

归纳为十点：

第一，以政经文史哲图书为基架，涵盖人生百科；

第二，以名家名著为脊柱，追求精神生活质量高等层级；

第三，以党史、军史、国史题材经典作品为核心灵魂，以铁骨

铮铮、铁血漫漫的革命者决意，导入读书性灵（读书就是在心灵闹革命），一竿子立，百竿子起；

第四，秉承我个人重要哲文《天人七序》（2014年出版的《独步遐想》创始卷首篇）对人类文明的分解式样，具体分列"综合（大人文、大物理）—历史—地理（含乡土）—外国—中国政治（含军事、司法、外交、民生）—经济—科技（含教育、管理）—学术（哲学、民俗）—艺术（文学→戏剧→音乐→舞蹈→名胜→建筑→雕塑→绘画→书法）—人生—名家（长效精神对话的单列名家名著）—其他"的框架体例，罗列藏书；

第五，自己常备"最爱二十作——藏书排行榜"，让藏书成为"活的书""竞逐的书""与收藏人对话的书""与知心人神交的书"；

第六，以大量电子文档（双移动硬盘备份方式），作为纸质收藏的补充，致力于家庭藏书的"全媒体化""多介质化"；

第七，以大量眉批、著书立说、个人微信友情群分享（取乎"岁寒三友"的人文灵感，组建毕生相遇顶级友谊的"卅大朋友"微信友情群。由"平生十大知己""平生十小知己""十大朋友""廿大朋友""卅大朋友"依次形成著名社会学家费孝通先生指出的"差序格局"，文化上统称"卅大朋友"，简称"卅友"。"平生十大知己"男一号是王湘楠，女一号是潘晨曦）方式，扩散读书心得。其中，著书立说是一个独特而强大的"以著带读"兼"以著代读"习惯，具有藏书补丁性质，自己对哪方面藏书不满意、观念不满意，就自己来写，自行补足藏书文化漏洞或短板；

第八，以电子音像收藏填充藏书概念，形成"图文声像光电"大藏书：CD音碟+DVD、VCD、蓝光影碟+下载音视频。其中，拥有大量正版艺术类音碟，涵盖戏剧对白、诗文吟诵、严肃时代音乐经典、民族声乐、美声、流行声乐、戏曲、西方交响乐、民族器乐各范畴，收藏规模和质量不在音乐专职教授之下，且有收藏目次。拥有大量正版影碟，涵盖电影、电视剧、纪录片、舞台演出等范畴，且有收藏目次。其中重大革命历史题材影视剧几无遗漏，堪称"影像中国革命史全集"；专业性现场版交响音乐会多达两百场次以上，收藏规模和质量不在音乐专职教授之下。且由于长期供职新兴网络视听媒体单位芒果TV（湖南卫视的网络金身），拥具不可多得的"一辈子数字化收藏首席顾问"（徐乐、韩儒）、"终身转码贤弟"（王邦俊、朱亚雄）等在线辅助收藏帮手；

第九，自己擅长演讲和制造演说、互动、亲历等轶事留痕，设计留存大量的录音摄像，也归并到藏书概念中；

第十，各藏书地位不是一劳永逸的，日常化品悟省察、甄验浮动。藏书分为必读书（精读书。一字一句地读）、常读书、偶读书、备读书（基本判定价值不大、可以放弃，然考虑需要备存一段时间，以防万一需要）、弃读书（于我已无藏阅价值，可以转手送给别人的）五级。某书经常使用、受益丰增，无论是否名家名著，会上调级别，直至最高级的必读书；某书长期用不上，无论是否名家名著，会由高级调为低级，直到贬为最末级的弃读书。自己写的书，也放入藏书中，经受"四级考试"。以此方式，不做书山的奴隶，而做学海的主人。这也是对传统藏书方式的异化形态的扬弃。

## （二）书香家庭特色

归纳为五条：

一是状元后裔的文化底蕴。读书习惯有独特的文化传承，门庭书香有着家族史的回味。小时爸是中国历史上、科举制度下唯一的长沙籍状元易祓后裔。易祓系南宋淳熙十二年释褐状元，官至礼部尚书；乃经学大家，所著《周官总义》与北宋王安石《周官新义》齐名，诗文名篇有《识山楼诗》并《识山楼记》等；故里湖南宁乡巷子口坐落在佛教名山沩山下，系湖湘历史文化名镇。小时爷爷易凤葵先生著有《大宋状元易祓传》（岳麓书社版）。巷子口状元故里文化广场、识山楼遗址纪念碑、状元山庄、《巷子口赋》碑刻、《献宝台赋》碑刻、沩山密印寺"白果含檀"古树诗牌等与状元文化主题相关的十余种文脉标识物，也均由小时爷爷发起或倡议，一心洒爱桑梓，将可传诸乡土。易祓后人中，易凤葵、易柯明、易小时三代，系比较典型的"庭深一脉远、家和万事兴"之书香门第。

二是长沙文坛唯一的"父子作协副主席"。小时爷爷系长沙市作家协会第五、六、七届副主席，小时爸系长沙市作家协会第八、九届副主席。

三是大型文化产业集团双跨"夫妻档"。小时爸和小时妈，分别在湖南广电（芒果超媒）、湖南出版（中南传媒）两个全国知名的文化产业传媒集团供职。文化产业的夫妻从业近缘性，强化了一家子的读书习惯与气质。

四是不仅藏书，不只读书，而且写书。换句话说，藏书不是动机，读书才是目的，写书更是风范。藏以为学，学以致用，著书立说，被泽蒙庥。小时爷爷著有"湖南宁乡伟人家国情怀全集"，含刘少奇、何叔衡、谢觉哉、甘泗淇、陶峙岳等的人物传记或纪实文学。小时爸2000年（26岁）推出处女作、史论随笔《穿越历史》（湖南人民出版社），从茫茫先秦写到一代伟人邓小平，将中国历史大事件、大人物打了个通关，其贯穿通史、画龙点睛的选题创作法，远早于后来大为流行的"百家讲坛体、那些事儿体"。后陆续推出留学随笔《创意之旅》（湖南人民出版社）、人文随笔《独步遐想》（江苏文艺出版社）、演讲随笔《巧舌如芒》（台海出版社）、时评随笔《社会透视》（东方出版社）。

五是自由出入藏书精神世界，形成有自身鲜明特征的历史文化观念和人生百科思维。心底里有书，骨子里爱书，嘴皮上是书，手掌上出书。小时爷爷曾获农业部"全国乡镇企业先进管理工作者"、国家文物局"全国文物保护工作先进个人"荣誉称号，参与编剧电影《刘少奇的四十四天》并获中共中央宣传部全国"五个一工程奖"。小时爸善于从人类文明信仰和人类社会规律的大原则、大判断上思考、表述，陆续形成有自身独到见解的思想文化观念，提出了"天人七序""传统一维世界""破维""万年旋逆回""宇宙统一命运""天才个别亨通""十合方法论""乐创乐享"等数十道极富思辨特性的理论或理念。

## （三）易柯明眉批读书法

2019年11月初，"卅友"之一吴美阳在湖南韶山参观毛泽东同志纪念馆时，惊讶地给小时爸发来微信："您的眉批读书习惯跟毛主席一样，也是'不动笔墨不读书'呀。"吴美阳不知道，小时爸这辈子最崇敬的人就是毛主席和周总理，眉批习惯完全学自主席，但也仅得其皮毛。

其实谈不上"易柯明眉批读书法"，这一习惯完全拜毛主席历史文化魅力所赐，远年弟子一跟二跟而已。但由于后来我又发展出三道新的更强劲的读书法，为了体例完整，姑且这么命名；且涉及另外几位"卅友"的读书经验，不妨统一规整命名，无涉虚荣。

我原先的，并沿用至现在的读书方法，就是边读边想边记的眉批。各藏书于小时爸，不是疑似风雅的摆设，而是脑海战役的沙场。我的藏书，不是那种一干二净、一尘不染的"保洁书"，而是神交作者、神会书旨、经常翻动、率性笔录、页页思考留痕、节节思想流动的"熟书""透书""烂漫书""保鲜书"。坦率地说，我之读书，不只边读边想边记，还有边斗，就是拿自己跟书作者"鏖斗"，不管他是否为名家经典，看看谁在书中所述上见解更高超。故而，我的藏书眉批，都是思想碰撞的产物、独立思考的成果。尤其必读书（精读书）、常读书中的很多眉批，本身就是一句句憬悟，摘编整理后，甚至就是有一定价值的、或者妙手天成的独在篇章。我的得意之作《独步遐想》，不少内容便是直接来源于藏书的阅读感言和眉批尾注。因此，每次一看书，每看一本书，都是一场场脑力战役，激发智能与情商，堆积心得和神悟，使藏书空隙处密密麻麻，成为毛主席诗词里的"弹洞前村壁，装点此关山"，隔日子再看下一回，也便"当年鏖战急，今朝更好看"了。可以说，书房中每一本"久经考验"的立得稳、留得住的藏书，都已经转化并长续保持为本人知识结构的组成基因。

总之，藏书及其作者既不高于我，也不低于我，而是与我对等——你中有我，我中有你，经常磨洗，读熟、读透、读烂漫、读它万招鲜。著名学者钱锺书先生有名言，"要自己的作品能够收列在图书馆的书里，就得先把图书馆的书安放在自己的作品里"，这里"图书馆"三个字置换成"藏书"两个字显然是成立的，我正是这么践行、融会贯通的。自己写的书里，也有很多藏书的精读投影。

## 二、小时爸的现今读书方法和推重读书经验

我已经注意到、吸纳了的读书方法，含自己的创获在内，依接收次序如下：

（1）毛泽东眉批读书法——其实没有什么"易柯明眉批读书法"，毛主席的眉批法才是真经真传。毛主席也不是眉批读书法的首创，但他的眉批影响最大，《毛泽东哲学批注集》《毛泽东读文史古籍批语集》都是名著，那就冠他老人家的名字吧。一边读书，一边笔记，出乎启思式阅读。我的眉批读书法，有我的新特色，例如

经常玩圈阅型微信友情群在线同步分享，例如背包永远在身、书籍随身携带、随时随地挤一切时间披览，简直可称"易柯明牙缝读书法"，然万变不离其宗，还是学自毛主席。

（2）李泽厚快慢读书法——长沙籍著名美学家李泽厚主张，看书无需费时均衡，好书要慢慢看，一般的书要快些看。这个意见总归是对的。

（3）周国平知音读书法——著名作家周国平提出好书于人"初读如再读，再读如初读"，意思是优秀的书籍，往往言明了读者觉察到却未盘托的心里话，甫一读之如遇知音；而再次阅读时，仍然如初读时的兴奋感和新鲜感，魅力常新。

下面就是非名流的、普通人的"卅大朋友"成员中不错的读书方法展示了。

（1）盛子曰结网读书法——临渊羡鱼，不如退而结网。像织渔网那样有机读书。我的朋友盛子曰在读一本好书的过程中，如遇庞大知识点及其垂直关联脉络，时常中止（不是终止）该书阅读，改读新遇知识点的关联书，例如读《红楼梦》，对服饰文化感兴趣，改读沈从文的《中国古代服饰研究》；对园林感兴趣，改读陈从周的《说园》。如此前推，一部《红楼梦》读完，要花掉她三年，但她这三年通过读红楼，宛如织起了一张自身知识结构的大网，已经可以捕鱼而且是大鱼了。

（2）易柯明赛道读书法——我现在读书，已经不是一本接一本读，而是同时从书柜上拿下三本以上题材反差较大的书，丢在案头，每天出门根据当日感觉,选择其中两本塞在背包里。这样,每段时间我都在读至少三种,甚至四五种不同风格的书,加上对于流行图书的相遇即兴短促阅读(例如在机场书店)、媒体信息的碎片化阅读、其他偶尔碰读,就如同七八匹马在赛道上奔跑,看哪匹马(哪本书、哪种知识思维)跑得更快、更带劲。

(3)龙武卫巡视读书法——我的朋友龙武卫每晚睡觉前、每逢周末时,都会像巡视组过堂一样查问自己、逼仄自己:我的知识结构,哪一块还有明显缺失?我现在的木桶短板,到了哪一块?立即在下一轮阅读,布局相应领域书籍。

(4)熊彩云观音读书法——我的朋友熊彩云向往,不是自己一个人阅读,而是找到默契、珍惜的朋友,一起在一个场合(例如静谧小茶馆)相伴阅读。偶尔互询,抬眼便有感。我是几乎没有机会和福气相伴美丽的彩云女士在长沙月湖畔如此美妙阅读的,但也神往红袖在侧的读书美好。我说这不是简单的美色靓景伴读,而是如同观世音在侧,你被精神关怀着,有一份爱与力量的就近普照,抑或被鞭策。

(5)易小时支柱读书法——这是我在与儿子易小时互动阅读的过程中,悟出的读书关键。小时三岁多开始接触三国故事,都是我讲,他立即感兴趣,进而自己想看三国的书。感激尊敬的长辈阿因奶奶(《喜脉案》《毛泽东和他的乡亲》《乡下人·城里人·外国人》等知名影视剧的导演)当时送给小时一套《幼三国》,他因为喜欢三国而自行爱上阅读,又因为爱上阅读而更加熟悉三国,现在才五岁,三国人物故事知识量已经超过大多数成年人，很多提问与自答的逻辑能力、综合悟性相当惊人。因为熟悉三国道理，小时对于很多现实生活道理无师自通，都能自行比照刘关张、诸葛亮、其他五虎将、曹操、吕布、周瑜、司马父子等的经验教训，解析个子丑寅卯，说清楚是非好歹。我从中发现，一个人自幼年起，只要钻透一本书、一门子事情，他就如同立定了一个支柱，可以张望甚至俯瞰很多其他东西而不慌张，甚至一通百通，他的思路打开了、见识扩宽了、自我意识大大开窍了。我忆起自己从小也是精于三国水浒的，"手中有粮，心中不慌"，从而对其他方面都有了强大自信，又想起小时对于恐龙知识也是极为熟悉、倒背如流，便得出了40多岁才傻傻懂得的读书道理：钻透一本大书，建构一生支柱，太有用了！贾宝玉是通灵宝玉，易小时是通灵支柱。建起这样裨益一生的"通灵支柱"，越早越好，不设年龄下限！

（6）易柯明创享读书法——这是2019年9月13日星期五中秋节那天悟到的。那天，我写道：①近三年来，我以著书立说＋眉批方式坚持正式阅读，以《卅大朋友》对话录展开矩阵式阅读及碎片化输出，下决心将心灵鸡汤发展为心智海洋（"大心灵鸡汤"），也就是主席与粟刘等的"小淮海"推到"大淮海"的互动强化法。主要标志是，文史哲及人生百科的大判断层出不穷，往往一段短短对话，试图端掉一块文明界域的根本认知；②今起，鄙人新增一个阅读法，"创享阅读法"也即"通界阅读法"，读书、写书、享受、创造直接合而为一。包括两个含义，第一，打通头脸阅读（中矩式）与牙缝阅读（碎片式）双界，打通掌上读物（实体书）与脑烙生书（意念文）双界；第二，打通阅读姿势与写作状态，也即享读与创读双界，读就是写，写就是读，读别人就是读自己，写自己等于读别人；③至此，终于超越了前述"牙缝读书法""赛道读书法""支柱读书法"，构建起更加厉害的"创享读书法"。我不仅超越了盛子曰贤妹、龙武卫贤弟、熊彩云女神，而且超越了上一个自己、上一个易柯明。

说完以上六种身边得来的读书方法，不得不感慨，"人类社会迄今最厉害的读书法"，还是毛主席的创造，这一个真还是他的原创：

（7）毛泽东无字天书法——中国人都知道，毛主席教导我们，最好的知识，从实践中来，从群众中来，实践与群众就是大智慧者的无字天书。根据毛主席毕生的经验，我加一个意思，"无字天书"还意味着，最好的知识，从生涯中来，毛泽东自己是至为典范的佐证。

以上，堪称"易柯明概括的十大读书法"，自忖集中了目前已知的最卓越有效的读书方法。

## 三、小时爸认为人生必读的三十本最好的书

### （一）选取原则

1. 向小、中、大学生依次推荐十本最值得阅读的书，共计三十本，统称"人生必读的三十本书"。这三个阶段构成人生阅读量和综

合素养的极重要连环。硕士生以上免推荐，从业自立后免推荐，该自己百分百决断必读书目了。

2. 这组书目，均系公开出版的书籍，即图书专著，不算单独传世的文章。若就孤品雄文而论，梁衡《文章大家毛泽东》、胡乔木《中国为什么会犯二十年"左"倾错误》、林毅夫《全球变革时代下的中国经济发展》、王渝生《科学的昨天、今天和明天》、杨玉良《通识教育培养人文和科学精神》、陈祖德《围棋与东方智慧》、王立平《〈红楼梦组曲〉创作记》、范曾《梵高的坟茔》、张梅《给我未来的孩子》等确实必读，可秒杀很多厚书。另，如能长期习惯性阅读《新华文摘》杂志，思维水平会不得了。

3. 别的书依然要读，例如老子《道德经》、"风骚"起点《诗经》和《楚辞》、司马迁《史记》、《朱生豪译莎士比亚戏剧》、傅雷译《巴尔扎克小说集》、草婴译列夫·托尔斯泰小说集、《朱可夫元帅战争回忆录》、《彭德怀自述》、霍金《时间简史》等。但这三十本最值得读。

4. 认真读了这三套"十本"，人生视界和心态，可谓正向、置顶打开了。读透这三十本书，终身可能高一眼、多一手，不辜负千眼千手。

5. 这三十本书，成为磁石核心，盘吸其他金属，就都是乘法增量了。盘吸更多书籍的办法，便是上文所言且未尽的各种读书法。

6. 由于存在一些并行阅读推荐，或同重量级选择，也许"三十本"并不止于具体的三十本书名。

7. 没有刻意回避自己的部分作品，不算谋私和狂妄，时间会证明一切，天不酬勤，天不酬奋，天不酬大情怀，没有任何道理。

**（二）十本书，读六年——小学生最值得读的书**

1. 林汉达、曹余章编著的《上下五千年》和少年儿童出版社出版的《世界五千年》并读；

2. 卢嘉锡主编新世纪版《十万个为什么》；

3. 中国地图出版社标准版《中国地图册》和《世界地图册》；

4. 孔子、李泽厚跨代合著《论语今读》或孔子、王蒙跨代合著《天下归仁：王蒙说〈论语〉》；

5. 上海辞书出版社名家赏析版《唐诗鉴赏辞典》和《唐宋词鉴赏辞典》（字有点小，视力不适宜小学生通读连读。选读感兴趣的知名诗词即可，例如周汝昌赏析岳飞《满江红》）；

6. 叶朗、朱良志《中国文化读本》；

7. 余秋雨《文化苦旅》（东方动心游）和梭罗《瓦尔登湖》（西方静心居）并读；

8. 迈克·戈德史密斯《爱因斯坦和他的大脑实验室》和崔德熙著、姜境孝绘《撒哈拉沙漠求生记》并读；

9. 罗琳《哈利·波特》和刘慈欣《三体》并读；

10. 埃克苏佩里《小王子》和学生征文大赛作品集《爱的教育——中国孩子情感日记》《傅雷家书》并读。

## （三）十本书，读五年——中学生最值得读的书（初一至高二，高三集力高考）

1.《易中天中华史》；

2.《毛泽东选集》、金冲及主编《毛泽东传》、臧克家与周振甫主编《毛泽东诗词鉴赏》并读；

3. 罗贯中《三国演义》；

4. 上海辞书出版社名家赏析版《古文鉴赏辞典》（替代阅读《道德经》《诗经》《楚辞》《庄子》《史记》《古文观止》）；

5.《鲁迅杂文全编》（五四精神：五四新文化运动人物如何看中国社会进程）和易柯明《社会透视》（七四精神：二十世纪七十年代出生、八十年代少年、九十年代青年、新世纪互联网划时代影响下的中青年如何看中国社会进程）并读；

6. 金庸《射雕英雄传》《神雕侠侣》《倚天屠龙记》或《笑傲江湖》；

7. 余秋雨《山居笔记》《问学千古》《寻觅中华》并读；

8. 茨威格著、舒昌善译《人类的群星闪耀时》和群众出版社版柯南·道尔《福尔摩斯探案全集》并读；

9. 乔治·伽莫夫《从一到无穷大》和沃尔特·艾萨克森《史蒂夫·乔布斯传》并读；

10. 易柯明《独步遐想》。

## （四）十本书，读四年——大学生最值得读的书

1. 夏征农主编《辞海》，最好是1979年版或1989年版缩印本

（视本人视力情况，直接读一条条编目内容。这里增说"易柯明定义阅读法"：直接读定义，是很高超的新一种读书法，因为直逼数理化、文史哲及人生百科堂奥）；

2. 曹雪芹《红楼梦》；

3.《马克思恩格斯选集》（尤须精读马克思《路易·波拿巴的雾月十八日》和恩格斯《反杜林论》）；

4. 唐浩明《曾国藩》、周而复《长城万里图》和金冲及《二十世纪中国史纲》《一本书的历史：胡乔木、胡绳谈〈中国共产党的七十年〉》连读；

5. 王树增《长征》《抗日战争》《解放战争》《抗美援朝（朝鲜战争）》和《粟裕回忆录》（新版《粟裕战争回忆录》）、《徐向前回忆录》（新版《历史的回顾》）并读；

6.《习近平谈治国理政》和《朱镕基讲话实录》（第三、四卷）《朱镕基答记者问》并读。配合阅读《领导干部宏观经济管理知识读本》《领导干部财政知识读本》《领导干部财政知识读本（税收篇）》《领导干部税收知识读本》《领导干部金融知识读本》《领导干部国际金融知识读本》《领导干部证券知识读本》《领导干部国际贸易知识读本（中国加入世界贸易组织知识读本）》；

7. 戴秉国《战略对话——戴秉国回忆录》和阎学通《历史的惯性》并读；

8. 许倬云《许倬云谈话录》《现代文明的成坏》或《台湾四百年》选读；

9. 吴敬琏《改革大道行思录》；

10. 龚曙光《一个经济人的文学观察》、梅绍武（及王琴生）《我的父亲梅兰芳》、杨燕迪《歌剧的误会》《遗憾的聆听》、熊秉明《看蒙娜丽莎看》、陈传席《画坛点将录》、易柯明《巧舌如芒》并读。

这只是我的私见，请读者自己把握。不同的人生目标，会产生各自优先序的书单。我推荐的，相对偏男性化，是瞬息掌思天下的最猛书籍排列法。

# 后　记

## 为父当为思想家

　　全民防疫，人人概莫能外。在这段"绝对国民记忆"期间，我完成了《亲子哲学》的全部书稿，成为对于儿子易小时、妻子佘璐以及我自己的珍贵人生记忆。书到读者手里，也足以勾起各位永生难忘的艰苦记忆。这些日子与新闻共患难，隔离自囚，无疑是肉体紧张、情绪痛苦的，然而安心沉浸在《亲子哲学》的创作时光中，我又是沉静庄严甚至温朗神圣的。恰恰是窗外的新冠肺炎疫情，给了我巨大的社会责任感和人生使命感，我和璐璐时不时瞅瞅小时，为我儿及他的姐姐易可以担心。疫情难料，不知道会有什么事发生在自家孩子身上，及千千万万孩子们身上。我和璐璐有最坏的心理准备，我们自己是坦然的，活了三四十年，至少是不欠什么的，无惧也便无憾。但是，孩子们不成啊，他们是怀着幸福梦想降生到"和平发展出盛世"的中国和世界的，理应完整品尝父母几十年曾经有过的喜怒哀乐，尤其是福祉和理想。我们绝不能容忍他们出现任何大的意外！所以，我很是紧张，除夕开始日日如此。越这样越化作写好本书的动力，我、璐璐、孩子们，自然包括可以、小时全部的长辈亲友，必须把我们不寒的心、不屈的志、不尽的爱，通通留下来，温暖而坚强！毫不迟疑，毫不懈怠！

在做好"最坏准备"的同时，璐璐又坚定争取"最好情况"，她比以往任何时候都更尽心呵带孩子、细细交融。她在微信里写下了这样一席话："对于孩子们来说，这个假期还很长，可以好好利用这段时间汲取知识、积累本领！人和人的差距，是见不到面的时候拉开的。"

举家聚首，昼夜不分，如此完成了《亲子哲学》。带着不一样的历史文化记忆、社会生活回忆，再看生命，再看父爱，再看文明，再看传承，再看本书，感觉真不一样，唏嘘浩叹，生当尽欢！

易小时究竟培养得好不好，言之尚早，说也不确。但为父的想法，在终稿的时候，该尽量系统些交代出来。

2020年2月8日元宵节，1点05分至8点05分的睡眠周期，我做了段神奇的梦，跟小时的拿手戏三国故事和人物有关。梦见刘备请易小时代表他，第三次去隆中请诸葛亮出山。没想到荀彧受曹操委托，也在隆中活动。诸葛亮会选择荀彧、易小时，也即曹操、刘备哪一边呢？荀彧虽然智商高，且携带了徐晃、许褚二位勇商，却找不到情商感觉，诸葛亮不为所动。易小时在与荀彧斗智斗勇斗情中，敏锐发现诸葛亮的一个特点，他记起随刘关张二顾茅庐来隆中请诸葛亮时，孔明老是眼神羡慕刘备身边每天十八个小时站着的关张二将。易小时确认过眼神,诸葛亮的特点就是"好猛",诸葛亮喜欢研究战争和依靠猛将。于是易小时不是再继续直挺挺邀请诸葛亮出山,而是先在汉水边发现了正在练枪、武艺高强的常山赵子龙。易小时先是邀请赵云同意担任"军师贴身护卫"一职,也安排十八个小时跟着军师不离身,再去三顾茅庐邀请诸葛亮出山。诸葛亮一看有赵云这样的猛将在身边随时保护自己,特别有风头感,一下子答应了易小时:"我马上出山,今后跟定刘皇叔。"荀彧阻拦失败哀叹:"我的智慧一流,与贾诩、郭嘉、司马懿并称曹营四大智囊,怎么干不过小时?"路边却立着电视湘军著名导演艺术家阿因奶奶,笑着对荀彧说:"只怪我!小时从小就读我送去的《幼三国》,而你从小读的是《哈利·波特》。你可没有小时了解三国呀!"

醒来大为哈哈,把梦讲给小时。小时也大为哈哈,听一次就能完整复述爸爸这个梦中的故事,还添油加醋了自己的一些料,比如讲,"曹操先要程昱去隆中请诸葛亮,程昱牢骚说我已经请来了徐庶,怎么又派我去,我连个假都没得休吗?还是荀彧去吧"。又自行减去了阿因奶奶对他夸赞的部分,蛮晓得一个人一定要谦虚,切忌自高自大的。

为什么听一次就能讲完整呢?仅仅是因为小时熟悉了三国吗?不止,更大的原因是,我和璐璐商定的最主要的家教方法——以父母的活跃思维,趁早激活孩子的思维,越早越好。对孩子的培养,重中之重、最上之最,是基于时时处处潜移默化的道德观、记忆力和知识量,尽早提领孩子的思维力,幼时就让他有自己的一套,即小成人的思想方式方法。这一基本幼教理念，也可说是"破维"：融会贯通孩子的小小思维，使之成为一个小大人、小哲人、小奇人、小铁人、小巨人。

这种亲子教育，首先要求父母中的至少一方总是处于高度自我觉察状态，同时对孩子保持高密觉察。其次要求父母中的某一方，能够经常陪伴孩子。其他长辈也能常陪下，则更好。孩子的同龄人、小友人之间怎么互动，可以不作具体要求，多则多之，少则少之。父母中的另一方，陪孩子可多可少，但极重要的，是要把自我高度觉察、对孩子的高密觉察，统合起来，合于无形，施展于与孩子的极有效互动中。这个法子，就是画龙点睛的原理，就是百尺竿头更进一步的原理：父母中的某一方及其他长辈，做着基维牢实的"陪养"，做了画龙与百尺竿头的事情；父母中的另一方，来负责破维"培养"，做成点睛与更进一步；孩子就能够成为那个也同样处于高度自我觉察状态的小成人，他兼具儿童性、成人性、生物性、灵物性，他以渐可放心的自我觉察，想自己的活，做自己的主，他总是在状态，他肯定会了不起！第三也不妨再啰唆声，上述进程中，养成孩子的学习兴趣、自学能力，让他（她）自己喜欢看书、看戏、发问、琢磨，并且能够脱离大人而看书、看戏、求解、得解，那就太妙了！

《亲子哲学》到这里全部写完，刚才的"重中之重、最上之最"，算是用几百字说清楚了我的哲学要点。我给小时的全部家教，我对小时的全部《亲子哲学》，秘密只有七个字：为父当为思想家。是的，为父时，须是位思想家。

最后，还要总结几点亲子感想，使《后记》也凑齐"新亲子八条"，与《前言》"亲子八条"的哲学要点一脉相承，尽心尽力与天下父母共情共理共勉。

父母有情怀，才能出高品质的幼教。幼教越到后来，越是情怀本身。我和璐璐教育小时时，注重对他从小赋予情怀，直至深铭终极情怀。终极情怀就是热爱全人类、创享新一切！就是人类文明超大信仰！这是一个有才能的人终身道义、智慧、勇略的总阀门、总闸门！终极情怀而非具体的家教方法论，是《亲子哲学》永不偃息的风动旗响。

幼教进化论非常重要。幼儿教育具有自身历程的完整进化定律，那就是任何孩子都不是一个孤立的孩子，而是一个捆绑了全部环境的孩子；一定要建构起孩子在环境中的最优主导意识，那必定是自觉进化意识；最好是能让孩子形成"日常全自动高灵自觉＋终极长自奋"的高尚自觉，包括自我觉察、自我学做、自我提振、自我决断、自我开创、自我演变等状态能力。状态是人的能力呀，小时早就知道"关羽武艺未必强过颜良，但是状态很好，能够用自身良好的状态战胜强大的敌人"。小时也知道"孙悟空和哈利·波特的优秀是因为他们自己知道该怎么不断进步"。

曾经有位阿姨赞许小时比同龄孩子"睿智博学很多"，我认为这个方向正确，但小时还远达不到。一个孩子只要没有形成立体思辨的自觉进化能力，都只是个才起步的孩子。我这句话甚至对成年人也成立。还有位阿姨要我评价她孩子的一篇显然写得很好的文章，我说："孩子文章不错，赞一个！我没有意见可提。只给您说一句话，人的思维，在成熟抵进到一个整体为完善。所有的对于后辈的肯定，可以赞赏每一次，但一定要鼓励形成他们可以有的整体思维观念，那就是立体思辨能力、自觉进化能力。因此，恒常的引导，重要于某一次具体的评价。"

父母与孩子也许是水和容器的关系。把孩子看成水，流性奔洒，但要靠父母这容器来收形。我却主张颠倒过来，父母之爱是水，孩子的成长是容器，让孩子把父母的勉励和爱，就自己的心地、年岁，做成杯子、瓶子、壶子、袋子、缸子、池子、海子或是连通器，都是灵活万应的。

培养孩子，本该忘记"培养"，是陪玩。陪的是谁呢？当然是自己生下的小骨肉，同时更是该终身一起无穷奋斗的、快乐活好的小自己。

《亲子哲学》一书，记载了中国男孩易小时和他爸爸妈妈的高昂的、绝不屈服的社会命运观和勤奋的、绝不懈怠的家庭生活习惯。这本书不是简单的幼教参考书或工具书，而是检索了全人类的人性变化来路与去向的作品。希望一千年后，后人还能共振于二十一世纪的高度自我觉察者、创享者的父子心跳。

易柯明

2020 年 10 月 8 日星期四

于长沙月湖畔

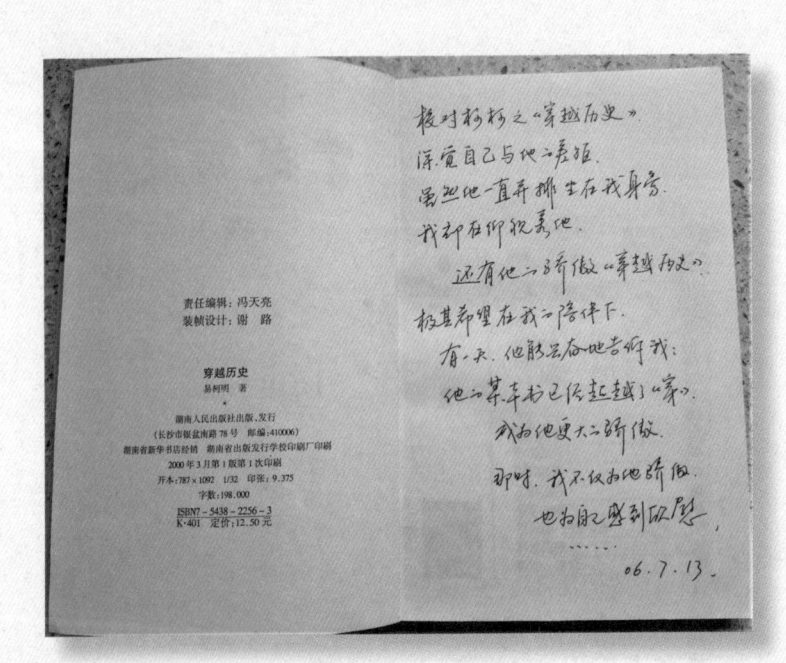

《穿越历史》题扉

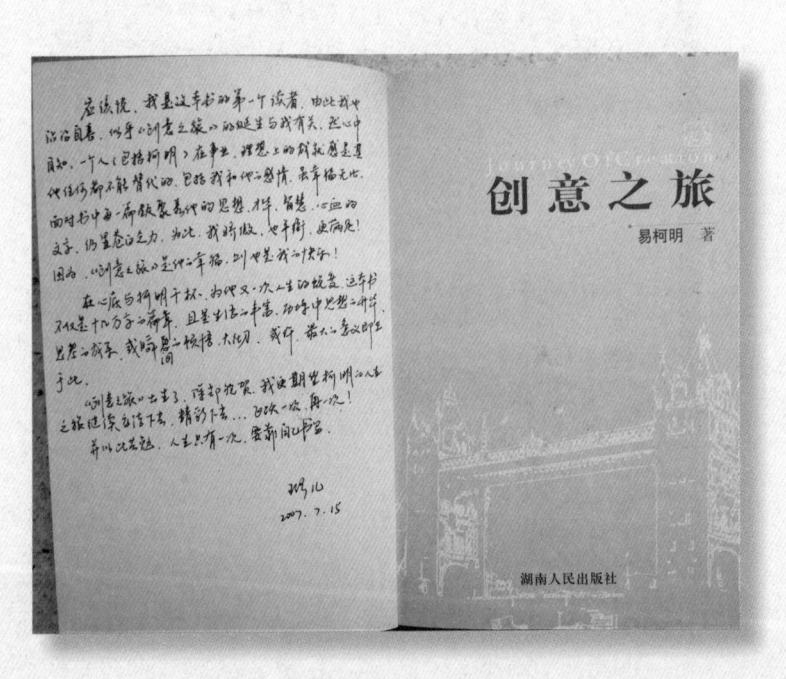

《创意之旅》题扉

# 独步遐想

易柯明 著

柯明的新著在博集天卷、江苏文艺的支持下如期付梓出版，再印了，于亲友是一件可以道贺的事，于我，这个与他朝夕相处的人，所见所感却是他不分昼夜，废寝忘食，为之痛苦为之愤懑为之狂喜为之雀跃的遐想历程。正如怀胎十月，每一篇文字每一缕思想皆是智能与心绪的破茧，是思维与情感的出窍，是被文明呼唤、被文明孵化的一次次灵光闪耀，一次次出走归来。

人生是该有信仰的，是该有理想的。我每每为柯明书房深夜或黎明的灯光而忧虑时，又不免为之欣慰。一个有信仰的人，一个以文明为信仰的人，终究是踏实的，幸福的！作为他至亲至爱的人，我愿意成全他的信仰、他的理想，让他永远是一个被文明召唤的孩子，哪怕顽童，保有纯净的心灵，崇高的灵魂，直到永久……

如果一定要写下具体的期望，那么我期待、等盼读书的你有，我肚子里马付的父亲，在未来的人生旅程中，能在理想与现实间，出世与入世中自由穿行，做一个智慧的父亲，一个通达的现代人，一个卓越的文明人！

慕鹏于甲午阳春月湖畔

《独步遐想》题扉

每每看到"巧舌如芒"这一书名，心里总会忍俊不禁。想起刚成家合伙过日子时，一旦说错话或接不上话，他就以自己有"精神官能症"为借口，因此我已常年为他供应"醒脑神药"，该有十年之久了吧。如今精神高能，巧舌如芒，我也为多年之药效颇感欣慰。

小时两岁，父亲去世。去收这本口才集是对爸工作生活之空隙之一种记录，一种再创造。如他自己在后记中所说，"写东西不轻松，可以偷粒不已，但每每偷懒一时，最后只有一辈子：空空如也，年华逝水。"每个人设定之生命价值各不相同，他是一个看重生命之精神价值之人，即使累着身心，更也必须通过记录，思惟，再到精神世界，完成精神抵达。

也因如此，所有与对爸"一朝明涤(猫)"对话之人，成为了他书中记录之"名字"，所有与他交手过联手过之事，成了他书中之故事，所有记录之人和事，与他之生命，与我们之家有了"缘"之关联。他之生命，我们之家，我们之小对也将在这种温暖如春，阳光如煦之光芒下生生不息，文化相传。璐。

《巧舌如芒》题扉

《社会透视》题扉

平衡车"司机"易小时

书架前的武侠易小时，我们要文武兼修

易小时与徐悲鸿大师的马

小时爸妈爱如长城

我们一家三口